I 日本占領の始まり

1 捨て石戦と地上戦がもたらした沖縄占領

ある国の軍隊が他国の領土や重要拠点などを占拠し、そこに統治をしくことを占領といいます。多くの場合、占領は軍事作戦の一環として、戦勝国の軍隊が敗戦国を統治するかたちで行われてきました。第二次世界大戦にともなう、米国を主力とする連合国の日本占領もその一例です。占領は戦争の延長ですので、戦争のあり方が、それに続く占領のあり方をある程度まで決めることになります。

占領開始の時差

大戦末期の1945年1月、日本の指導層は「皇土」（天皇の治める国土という意味）防衛[illegible]の盾として「前縁」を設け、沖縄や硫黄島も[illegible]に含めることにしました。「前縁」には、[illegible]戦力をできるだけ消耗させ、日本空爆に[illegible]飛行場を敵に確保させないという役割が[illegible]されました。目的は後方に位置する「皇[illegible]の防衛ですから、矢面の「前縁」は役割[illegible]果たせば敵に攻略されてもやむを得ない[illegible]のが、「捨て石作戦」の考え方です。

他方で米国統合参謀本部は、44年10月、フィリピンのレイテ島攻略後はルソン島と南方諸島（実質的に硫黄島）および南西諸島（同じく沖縄）の攻略が日本打倒に不可欠だという戦略をたて、南西太平洋方面軍司令官マッカーサーに対してルソン占領を、太平洋方面軍司令官ニミッツに対して南方および南西諸島の占領を指示しました。ニミッツは、沖縄上陸にあたり、米軍が制圧して占領下に置くことになる地域では日本政府の行政権を停止し、同地域の行政権はニミッツの監督下で行使される旨の布告（ニミッツ布告）を公布します。

45年3月26日から3か月にわたって戦われた沖縄戦は、日本軍の組織的抵抗が不可能になった時点で終わりとされますが、それは日本と連合国との間で降伏文書が調印される2か月以上前のことです。そのうえ、いわゆる本土と異なり苛烈な地上戦の舞台となった沖縄で、米軍は日本軍を制圧しながら、陣地や丘陵や高台を徐々に占領していきました。同軍が「慶良間列島占領を宣言」（3月29日）してから、「六月二十一日午後9時、日本軍の組織的抵抗終了、沖縄占領を宣言」となるまで、「占領」宣言の回数はじつに80を超えます（上原正稔訳編『沖縄戦アメリカ軍戦時記録』）。

このように、本土と沖縄とのあいだに、また、沖縄の内部においてさえ占領のはじまりに時差が生じることになりました。さらに言えば、日本軍の占領地域、「満州」、「北方領土」などで、それぞれの占領の歴史が刻まれたはずです。日本占領のはじまりを8月15日の「玉音放送」以後や9月2日の降伏文書調印以後とするのは、本土を〝標準時〟とすることにほかなりません。そのことによって、本土以外で行われた占領の歴史は忘却されやすくなるのです。

沖縄の「8・15」

占領開始直後から、沖縄では住民の大半が本島内に米軍の設置した収容所で生活することを余儀なくされます。とくに「北部」の収容所に送られた人々は45年7月末までに21万人ちかく――対して「南部」の収容所収容人数は約9万人――に達しました。日本を打倒するための基地建設を沖縄本島中南部で推進するために、米軍が同地域の住民を北部の収容所に移動させたからです。収容所に送られた住民たちは、米軍監督のもとで多種多様な作業に駆りだされ、その報酬として食糧や必需品を与えられる生活を送ります。日本軍の戦争に駆りだされる必要がなくなったと安堵

沖縄最大の収容所のある石川市で開かれた演芸会に集う人々

する間もなく、こんどは島ぐるみで米軍の作業に駆りだされることになったのです（鳥山淳『沖縄／基地社会の起源と相克』）。

その各収容所から米軍政府の招集によって128人の代表者が本島中部の石川に集まり、沖縄統治の事実上のトップである軍政府副長官に対して、住民の政治機関に関する計画の提出などを任務とする諮詢組織（まもなく「沖縄諮詢会」として発足）の設立を協議したのが沖縄の「8月15日」でした。「8月15日」といえば、正午に放送された昭和天皇の「終戦の詔書」を、ラジオの前でうな垂れ、あるいは茫然自失といった体で聴く人々の姿が想起されるのではないでしょうか。しかし、沖縄の住民代表による「最初の集まり」では、軍政府副長官が、「本朝の報道に依れば正午天皇が声明する。ラジオが此処には無いから皆様に内容は知らすことは出来ない。而し本部で内容を聞き、出来るだけ知らせることにする」と告げただけで、すぐに軍の方針の説明にはいっています。その告知に、集まった人々から「どういうことだ」と質問が出たわけでもありません。戦後史を象徴すると考えられている「玉音放送」も、すでに「向かうべき所」を模索して歩みはじめていた沖縄では、その歩みのなかの一コマに過ぎませんでした（沖縄県文化振興会公文書管理部史料編集室編『沖縄県史料 沖縄諮詢会記録（影印本）』）。

2 〝決められない〟政治指導の結末

日本は戦争の幕引きを「聖断」（天皇による意思決定）によって行いました。そうした筋書きは、天皇の側近たちによって45年の3月半ばには議論されていました。天皇も5月初めには「終戦」を覚悟するようになったと考えられています。この時期、ヒトラー自殺の報が大本営に伝えられ（1日）、沖縄の日本軍による総攻撃（4〜5日）も大失敗に終わっていました（山田 朗『昭和天皇の軍事思想と戦略』）。

しかし、6月8日の最高戦争指導会議では、戦争完遂、「国体」護持、「皇土」防衛が確認されます。さらに、その少し後から、ソ連（当時）を仲介とする対米英和平案が政府内部で模索されたこともあって、「聖断」は実行に移されませんでした。

そして7月26日、米・英・中（中華民国）3国首脳の名で「ポツダム宣言」が発出されました。鈴木貫太郎首相は、宣言を即座に受諾した場合の徹底抗戦派の反応や、宣言が天皇制の存続に言及していないことを考え、同宣言を「黙殺」します。しかし宣言には、日本が連合国の提示した条件から逸脱したり、回答を遅延させた場合は、「ナチス」には行使していない強力な軍事力による破壊が待っているだけだと書いてありました。

〝宣言〟どおり、米国は核兵器（原子爆弾）の実戦使用を広島に対して行いました。トルーマン大統領は原爆投下理由の一つとして、日本政府がポツダム宣言を「即座に拒否した」ことを挙げています。それでも日本政府がポツダム宣言を受諾しないでいると、9日未明、ソ連が対日参戦します。ソ連は、2月のヤルタ会談で米英と交わした、戦後の東アジアにおける権益拡大と引き換えに、ドイツ降伏後3か月で日本に対して参戦するという密約を履行したのです。さらに同日午後の閣議で、長崎にも「新型爆弾」の投下されたことが報告される事態となります。

40年に首相を務め、鈴木内閣の海相でもあった米内光政が、この事態について、「国内事情では天佑だ」と述べたことは有名です。「国内情勢」については、敗戦にともなう「国内動乱」「国内共産主義革命」や「天皇制の危機」、さらには「軍需物資の逼迫」と、諸説あります（手嶋泰伸『昭和戦時期の海軍と政治』）。いずれにしても米内の談話は、日本政府の宣言受諾が、主体的な決定というよりも、外からの圧力によるものであることを示しています。

ようやく日本政府はポツダム宣言受諾へ向けた検討を始めますが、天皇制存続だけを受諾条件にすべきだという「一条件派」と、戦争犯罪人の自主的処罰、自主的武装解除、占領範囲の極小化も付加すべきだという「四条件派」の対立が生じ、受諾までに二度の「聖断」（8月10および14日）を必要としました。四条件派は、部下の統制という自己の職責を全うしたいと主張し、一条件派は、部下統制も政治的決定（聖断）でやればよいと考えました。

指導層が自らの責任問題を議論している間に時間は過ぎていったのです。

6月末までに5つの飛行場を稼働させ、8つの飛行場建設にすべきだという「支援拠点」、海軍機動部隊の投錨地を提供するとともに、「爆撃機の用に供する飛行場能力を提供する」ものの、と想定されました。ニミッツ軍司令部が策定した沖縄の基地開発計画（45年2月）では、那覇港および中城湾の開発とともに、沖縄本島に8つの飛行場を建設することになっていました。そして、沖縄に進攻した米軍は、同時（44年10月）、沖縄は九州進攻、そして最終的には本州進攻のための「支援拠点」、海軍機動部隊の投錨地を提供するとともに、「爆撃機の用に供する飛行場能力を提供する」ものの、と想定されました。

米軍にとって沖縄・小笠原進攻作戦決定当時（44年10月）、沖縄は九州進攻、そして最終的には本州進攻のための「支援拠点」、海軍機動部隊の投錨地を提供するとともに、「爆撃機の用に供する飛行場能力を提供する」ものの、と想定されました。

妻をやく火いまぞ熾りつ

降伏のみことのり

妻子を亡くした長崎の自由律俳人・松尾あつゆきは、自らの手で奥さんを茶毘にふしているとき、敗戦の報に接しました。その日記には、「今になって降伏とは何事か。妻は、子は、一体何のために死んだのか、何事か。何故降伏するなら、もう少し早くしないか」と、こみ上げてくる激しい感情を看て取ることができます。そして、松尾は詠みました（『松尾あつゆき日記』）。

兵士と民間人をあわせて、その間の戦争継続によって亡くなった者が、そして、命からがら生き残った者が、このような事情を知ったら何と思うことでしょう。原爆で妻子4人を亡くした長崎の自由律俳人・松尾あつゆきは、自らの手で奥さんを茶毘にふしているとき、敗戦の報に接しました。その日記には、「今

地により多くの飛行場建設が可能と判断し、6月末までに5つの飛行場を稼働させ、8つの飛行場建設に着手し、さらに必要とされる弾薬・物資の集積所、兵営の建設を進めました（鳥山前掲書）。こうした沖縄における米軍基地の建設が、日本政府によるポツダム宣言受諾時機によっては、その後に基地となることを免れた土地があったかもしれません。

3 「終戦」と「進駐軍」の心理

長い、あまりに長い道程をへて、1945年8月15日、天皇みずからの声（レコード録音）で一つの詔書がラジオ放送されました。当時の新聞を見ると、詔書は「時局を収拾」するために米英中ソによる「共同宣言」（ポツダム宣言）を「受諾」したと言っています。ポツダム宣言は、「日本国政府が直ちに全日本国軍隊の無条件降伏を宣言」し、その保障を提供することを日本政府に求めています。これを「受諾」したわけですから、日本は降伏したといってよいでしょう。いやいや、「無条件降伏」したのは日本の「軍隊」だけだと言われるかもしれませんが、"戦争は他の手段を以てする政治の延長"というではありませんか。軍

玉音放送に聴き入る人々

隊に降伏を命じる政府、そして、その政府が統治する日本も降伏したも同然でしょう。ところが、詔書によれば、宣言の受諾は「萬世の為に太平を開かむ」とする行為、「国体の精華を発揚し世界の進運に後れさらむことを期す」る行為であり、要するに「降伏」でも「敗戦」でもないのです。

　そのような態度は詔書だけに見られるわけではありません。詔書が発せられたことを報じる新聞各紙にも見られます。「降伏」ではなく、「戦争終結」（朝日新聞）、「大東亜戦終結」（毎日新聞）、「戦争終局」（読売報知）といった具合です。孫崎享氏が指摘する、敗戦状況に「目をつぶりつづけてきた」日本の戦後を形成する一因はここにありました（『戦後史の正体』）。

　ただし、もっぱら政府とメディアが国民を導いた結果、そのような戦後史が形づくられたわけではありません。占領下の日本では、「降伏」した国民を統治・改造するため乗り込んできた軍隊を「占領軍」とは言わず、目的はともあれ暫く留まる軍隊ていどの意味しかもたない「進駐軍」という言葉がよく使われました。「進駐軍」は、今でいえば45年の〝流行語大賞〟候補の一つといってよいほど人口に膾炙しました。その事実を見ても、政府・メディア・一般国民の多くが、いかに「降伏」と「占領」に目をつぶりたかったかがわかろうというものです。

　ポツダム宣言をめぐる日本政府とのやりとりのなかで連合国側は、「降伏の時より天皇および日本国政府の国家統治の権限は……連合国最高司令官に従属する〔shall be subject to〕」と回答します――ただし、これで最高司令官に日本占領に関る全権が与えられたことまでは意味しませんでした。その、昭和天皇と日本政府の上に立つ「連合国最高司令官」に任命された（45年8月15日）のが、ダグラス・マッカーサーです。

　9月2日の降伏文書調印直後、占領軍は、直接軍政、軍票導入などを内容とする布告をだすと日本政府に通告してきました。日本側は、日本の天皇と政府を通した統治を容認する占領方針からの逸脱であること、日本経済が混乱に陥るなどの理由を挙げて布告の差し止めを求めました。最終的には重光葵外相がマッカーサーに直訴して布告の公布は見送られますが、この一件からは、布告が国民に与えるであろう、敗戦と引き続く占領という冷厳な事実の実感をいかに小さくするかという日本政府の思惑が透けて見えます。

　しかし、国民のなかには統治者の交代を敏感に感じとった人たちがいました。降伏文書調印から数日後には、マッカーサー司令部へ、マッカーサーに万歳三唱を捧げ、その名は「松嘉佐」と書けますといって言祝ぐ内容の手紙が届いています。少なからぬ日本人が、少し前までは〝いざ来いニミッツ、マッカーサー、出て来りゃ地獄へ逆落とし〟などと歌っていた（比島決戦の歌）ものです。また、日本の将来のためには「日本を米国の属国となし下され」とか、米国が「日本を合邦して下されること」で日本は救われます、と懇願する手紙もマッカーサーには寄せられました。これらの手紙を発見した歴史家の袖井林二郎氏は、書面に現れた日本人の心理について、「敗北という事実をできるだけ早く忘れ去り、新しい秩序を合理化したいという意識」であり、「敗戦で自信を失い、勝者アメリカにすり寄って、それと合体することで生きようとする日本人の姿勢」であると分析しています（『拝啓マッカーサー元帥様』）。

しかし、勝者に身をすり寄せるばかりが敗戦直後の人々の精神ではなかったという例が、周縁と言われるようなところで見られました。一つは、八重山群島に米軍政が敷かれる45年12月23日までの短い期間とはいえ、人心の安定、治安の確保、引揚者の帰還促進、マラリア患者対策、闇物資対策などを目標とする「八重山自治会」という——後に「八重山共和国」とも称されることになる——試みです（黒柳保則「八重山自治会・『宮良支庁』・八重山人民党」および桝田武宗『八重山共和国』）。

もう一つは、46年1月29日の占領軍指令によって、一時的に日本の行政から分離された伊豆大島の例です。同島の住民たちは、どうやって生きてゆこうかということで、ポツダム宣言第10項（民主主義的傾向の復活強化、基本的人権の尊重等）に則るべしという占領軍の意向も反映させつつ、経済復興、政情安定、治安回復、自治体制の確立を期すための〝国の骨格〟づくりにとりかかったのです。そして島民会は、46年3月前半ころには、島民の安寧幸福の確保増進をはかること（人権保障）、万邦和平の一端を担うこと（平和主義）、大島の統治権は島民に在ること（主権在民）、などを盛り込んだ「大島大誓言」をまとめます。その後（3月22日）、占領軍当局が伊豆諸島の分離解除の指令を発したため、「大島大誓言」は〝幻〟に終わってしまいます（岡村青「幻の平和憲法『大島大誓言』の背景を探る」）。けれど、帝国は没しても、それに頼らず何とか自分たちで苦境を乗り越える道を切り拓いていこうとする精神のあったことも歴史に書き留められるべきです。

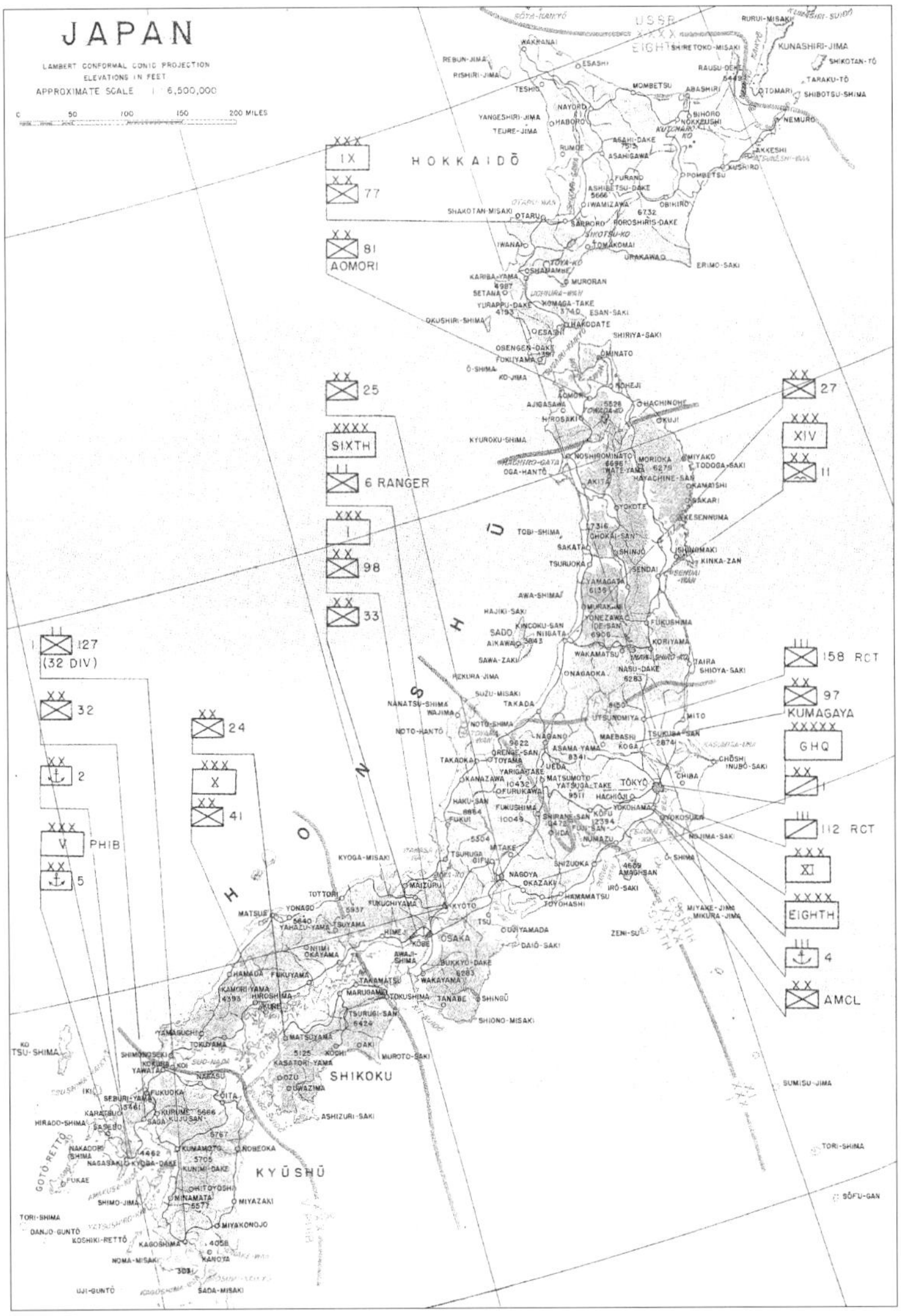

占領軍地上部隊の展開（1945年10月31日）

Ⅱ 初期占領と日本国憲法の制定

1 占領の究極目的

さて、マッカーサーが率いるGHQ／SCAP（連合国最高司令官総司令部＝10月2日設置）のもとで開始された本土占領は、何よりも「日本国が再び米国の脅威となり、または世界の平和および安全の脅威とならない」よう出来るだけ大きな保証措置を講ずることを目的としていました（外務省特別資料部編『日本占領及管理重要文書集　第1巻　基本編』）。そのうえで、日本を国際社会の平和的な一員にしようというのです。そして、日本の軍艦や戦車を破壊したり、陸海軍（省）を解体する〝非軍事化〟だけでは再び超国家主義的な勢力が台頭する可能性も否定できないので、日本が長期的に脅威とならないためには民主化も不可欠だという発想から、「非軍事化と民主化」が車の両輪のように占領改革を推進するスローガンとなりました。

ときおり、「占領の最初のうちアメリカは日本を非軍事化して平和憲法まで押し付けたのに、後になって再軍備を押し付けたのは矛盾している」という声を聞くことがあります。たしかに、米国にとって「最初のうち」は日本やドイツが主な脅威でしたが、「後になって」ソ連が冷たい戦争のライバルとなったので、日本にソ連封じ込めの片棒を担がせるために武器を持たせたに過ぎません。

また、「戦争のあり方が、占領のあり方を決める」と言いましたが、第二次大戦が高度な総力戦であったことによって日本占領の性格も規定されています。狭い意味での前線の兵力だけで総力戦は戦えません。その背後にある政治指導、経済力、鉱工業力、科学技術、資源の入手能力、輸送力、敵愾心を煽る教育・文化など、およそ公的生活のすべてが戦争に注ぎ込まれてはじめて総力戦は戦い得るものです。したがって、第二次大戦にともなう連合国の占領は、敵国が再び脅威とならないようにするため、広範な分野にわたる変革的な性格をもつにいたりました。試みに、GHQが編纂した〝正史〟とも言うべき『GHQ日本占領史』（原題はHistory of the Nonmilitary Activities of the Occupation of Japan, 1945-1951）を見ると、お馴染みの「公職追放」「財閥解体」「経済力の集中排除」「農地改革」ばかりでなく、改革分野は50以上に及んでいます。なかでも、もっとも重要なものが大日本帝国憲法（明治憲法）の改定、すなわち、新しい憲法の制定と言えるでしょう。というのも、戦後の日本を誰が、どのように治めるのかという、国の基本的な〝かたち〟（もともと英語のconstitutionは身体の基本構造を意味する語です）に関るものだったからです。

2 「平和憲法」という戦略

日本を占領するにあたって、米国政府がそこに「国民主権、民主主義、人権の尊重」を確立すべきだと考えていたことは疑いをいれません。しかし、新たに日本の憲法を構想し、具体的に条文化したのはGHQです。もう少し詳しく言えば、明治憲法は改める必要があり、改正にあたっては、天皇が国の首位にある（is at the head of the state）こと、戦争放棄と軍備不保持、封建制度の廃止といった原則を採用するよう命じたのはマッカーサー最高司令官でしたし、そのような指示にしたがって草案を作成したのはGHQの人々だったということです（高柳賢三・大友一郎・田中英夫編著『日本国憲法制定の過程　I』および古関彰一『日本国憲法の誕生』）。

その政治戦略

三原則にある戦争放棄・軍備不保持（憲法

第9条の原型）はマッカーサーの政治戦略であり、軍事戦略でもあった点を理解しておく必要があります。戦争放棄の発案者は幣原喜重郎首相やGHQの民政局（GS）員たちだとする説もありますが、彼らはあくまで将来の日本における〝理想論〟を述べたまでで、国の最高法規である憲法の基本理念の一つに戦争放棄を加えようとまでは考えていませんでした（古関彰一『「平和国家」日本の再検討』）。

憲法案が衆院本会議で通過

憲法起草に携わった
ケーディスGS次長

　また、憲法の作定が天皇制の存廃に関る2つの出来事と不可分の関係にあったことにも留意しなければなりません。天皇制維持のためには軍をもつことができないと考えていた日本政府側の思惑と合致して、占領開始いらい、マッカーサーは、天皇制を存置するために憲法改正を急いでいました。占領を円滑に行うためには日本人に対し天皇が有している（と思われる）権威を利用すべきだとマッカーサーは考えていたのです。マッカーサーが円滑な占領にこだわったのは、それが占領地司令官の責務であることはもちろんですが、1948年の大統領選に名乗りをあげるための民政分野での実績づくりを企図したのだとも言われています。

　たとえば、マッカーサーの腹心の一人であったフェラーズ准将は、占領開始から間もない時期に、占領にとって「天皇が最善の協力者である」こと、したがって占領が継続するかぎり天皇制も存続すべきこと、しかし全世界の共産化を企むソ連は日本の天皇制とマッカーサーを「邪魔者」とみなしていること、などを米内光政元首相ら日本側の要人に伝えています。そのうえでフェラーズは、天皇が戦犯裁判に引き立てられることは「本国におけるMC〔マッカーサー〕の立場を非常に不利にする」とまで述べていたのです（豊田隈雄『戦争裁判余録』）。

　しかし、そのようなマッカーサーにとって憂慮すべき事態が持ちあがります。モスクワで開かれていた米英ソ外相会議において、日本占領管理体制をめぐり米英両国とソ連とのあいだに生じていた対立の妥協策として、占領管理の最高政策決定機関として「極東委員会」をワシントンに設けるという決定が発表されたのです（45年12月27日）。同委員会の構成国（11か国）には、上記の3か国に加えてオーストラリア、ニュージーランド、オランダなど、天皇の戦争責任を追及し、天皇制の存続にも厳しい態度をとる国々も含まれることになっており、その権限は憲法改正問題にも及ぶとされました。ここに、マッカーサーの日本占領プラン、ひいては自己のキャリア設計の土台を掘り崩しかねない状況が現出することになったわけです（日暮吉延『東京裁判の国際関係』）。

　また、あらためて当時の政治状況を見なおしてみると、GHQが自ら憲法案の起草に着手した時期は、同時に極東国際軍事裁判（東京裁判）へむけて検察による被告人選定が行われていた時期にあたっていることもわかります。すでに述べたように、第二次大戦で日本と戦った連合国のなかには、日本が戦争をするにいたった理由の一つが憲法に規定された天皇制の仕組みにあると考え、東京裁判では天皇も訴追し処罰すべきだと考える国もありました。マッカーサーは、天皇を「統治権の総攬者」（明治憲法）のままにさせていたのでは占領政策に対する連合国の賛同と協力を得られないと考えました。そこで、明治憲法下とは異なる、政治権力を持たない「象徴」として天皇を残すと同時に、政治戦略として日本が二度と戦争を"しない""できない"保障として戦争放棄・軍備不保持を憲法で定めようと考えたのです（古関前掲『日本国憲法の誕生』）。

その軍事戦略

それにしても、2つの大戦と20以上の局地戦を経験し、自分ほど戦争を知悉した者はないと自負するマッカーサーが何の軍事戦略もなしに戦争放棄条項を包摂した憲法を作るものでしょうか。じつは、沖縄を米軍の強固な軍事要塞にすれば、外国——当時にあってはソ連——が日本本土を侵略した場合でも、沖縄の米軍によって本土防衛は可能だと考えていたのです。沖縄の要塞化を担保として、本土では戦争放棄・軍備不保持の憲法を制定すれば、連合国も天皇制の存続を認めるだろうというマッカーサーの目論見に便乗したのは日本政府のほうでした。

1947年7月25日、衆議院の憲法特別委員会の小委員会で芦田均らは戦争放棄条項に「平和」という文言を書き加える決定を下し、戦争放棄条項をもつ憲法があたかも「平和憲法」そのものであるかの如く沖縄を度外視した憲法を「平和」という言葉で覆い隠したのです。（古関彰一『平和憲法の深層』）。

洋の前線を防衛するのに不可欠であるため、米国がその支配に失敗すれば、軍事的に悲惨な結果になるだろうという、自身の強い決意とも、恫喝とも受けとれる考えを伝えています。また、48年3月に来日した国務省と陸軍省の高官に対してマッカーサーは、外部侵略から日本を防衛しようというのであれば、我々は第一に空軍に依拠しなければならないが、誰も戦争責任を負わないことは連国の到底納得するところではありません。強力で有効な空軍作戦を行うのに十分な面積のある沖縄を要塞化すれば日本本土に軍隊を維持することなく、外部侵略に対して日本の安全を確保できると述べています（原貴美恵『サンフランシスコ平和条約の盲点』）。これらの見解表明や発言は、「9条」が沖縄要塞化構想の上に成り立っていたという考察に証左を与えるものです。そしてマッカーサーは、沖縄を日本から分離して米国の恒久基地にすべきだと、一貫して主張し続けました（FRUS, 1947, VI）。

3 天皇の戦後改革

マッカーサーという人物は随分したたかなように見えますが、したたかなのは元帥だけではありませんでした。

マッカーサーに語ったこと語らなかったこと

連合国のなかに、天皇を戦犯裁判で訴追すべきだとか、天皇制の存続に批判的な意見があったことは、マッカーサー以上に、天皇やその側近たちにとって"危機"だったはずです。くわえて、恫喝とも受けとれる考えを伝え彼らの至上命題は天皇が訴追されないことでしたが、誰も戦争責任を負わないことは連合国の到底納得するところではありません。

開戦責任の問題への対処は最も腐心する点でした。聖断で戦争の幕引きができたのなら、対米英戦開戦論にも反対できたはずだ、という理屈になるからです。

争点は、明治憲法の規定では宣戦（と講和）の権限を持つことになっている天皇との真珠湾攻撃との関係に収斂されていきました。GHQの政治顧問であったジョージ・アチソンが、「マッカーサー元帥が……〔45年〕9月27日における天皇との会見について」としてメモした内容を引けば、「天皇は米国政府が日本の対米宣戦布告を受け取る前に真珠湾攻撃を開始するつもりはなかった」のだが、実際に奇襲攻撃が行われる直前や攻撃後に署名を迫る方法で「東条は自分〔天皇〕をあざむいた」のかどうかという点です――実際に天皇が宣戦の詔書に署名したのは攻撃の8時間以上のちで

1947年9月1日、マッカーサーは国務長官に宛て、琉球諸島の支配は、米国が太平

した（豊下楢彦『昭和天皇・マッカーサー会見』）。否、天皇と側近たちにとって真の問題は、東條元首相に開戦の責任があるとすることを前提に、天皇に責任はないというメッセージをいかに発信し、連合国を説得するかということにあったようです。

　9月27日におこなわれた昭和天皇・マッカーサー会見を含み、同会見の前後、連合国側の記者との会見を通じ、英国王あてに親書を送り、さらには「東京裁判対策のための天皇の弁明書」としての「独白録」を作成し、〝あの手この手〟で天皇と側近たちが自己保存をかけた試みを展開したことが明らかになっています。ただし、9月27日のマッカーサーとの会見で、天皇から宣戦の詔書の使用意図をめぐる「東條批判」がなされたか否かについては、専門家のあいだで議論がわかれています（東野 真『昭和天皇二つの「独白録」』および豊下前掲書、ならびに古川隆久『昭和天皇』）。

第１回天皇・マッカーサー会見

　２０１４年９月９日に宮内庁が公表した「昭和天皇実録」は、天皇自身の戦争責任に言及がない公式記録を用いて会談のようすを紹介する一方、「国民が戦争遂行にあたって……行ったすべての決定と行動に対する全責任を負う者」として、自身を連合国の採決にゆだねる、というマッカーサー回想記にある一文を「特筆」する「両論併記」のかたちをとり、謎を残しました。

人間宣言と天皇宣言

　１９４６年１月１日の「新日本建設に関する詔書」（天皇の「人間宣言」）も、GHQ民間情報教育局（CIE）――前年12月に国家神道解体を目的とする「神道指令」を発出した部署――の主導による天皇免責工作の一つでした。同局教育課長であったヘンダーソンによれば、日本の軍部は天皇が神であるという観念を誤用し、兵は天皇の命令で天皇のために死ぬべきだと教え込んだというのです（高橋 紘『象徴天皇の誕生』）。したがって、日本が再び戦争をしないようにするためには、天皇を神とする誤った考えを日本人が二度と持たないようにすることだという理屈になります。彼らは、それが占領軍の強制（押し付け）だという印象を日本の内外に与えないために、天皇が自発的に自らの神聖さを否定する「大詔渙発」（天皇の言葉を広く世の中に告げ発表すること）が望ましいとも考えていました。

　しかし興味ぶかいことに、ヘンダーソンの回顧するところ、天皇自身も45年12月初めごろまでには、自分が神であることを否定する詔書をだすことに決めていたというのです。そのうえで天皇は、自らのイニシアチブで詔書の冒頭に「広ク会議ヲ興シ万機公論ニ決スヘシ」「上下心ヲ一ニシテ盛ニ経綸ヲ行フヘシ」ではじまる「明治天皇ノ初国是」であった五箇条の御誓文を挿入させてもいます。

　この修正の意図について、天皇はのち（77年）の記者会見で、「民主主義というものは、決して輸入のものではないということを示す必要が大いにあった」と語っています。占領軍が音頭をとる民主化の波のなかに、神格化された存在ではなく〝人間〟として身を置くことで、天皇自身、天皇制、皇族は安泰になるという判断だったのかもしれません。

　天皇による人間宣言の直後（１月８日）、名古屋の雑貨商で熊沢寛通という人物が「〔北朝の昭和天皇に対して〕われこそ南朝の子孫、正統の天皇なり」と名乗りをあげました。熊沢は自ら「神」と称したわけではありませんでしたが、この時期に彼を含む少なからぬ人

神戸巡幸

間が〝天皇宣言〟をし、逆に天皇が「天皇ヲ以テ現御神」とするのは「架空ナル観念」だと〝人間宣言〟をしたことは、敗戦による帝国の没落と、引き続く占領改革が日本人の価値観、秩序ならびに正統意識に与えた衝撃の大きさと深さを物語っています。

「アッそう」の深層

天皇が民衆のなかに入っていったことといえば、もう一つ、戦後巡幸が想起されます。天皇と側近たちにとって、巡幸は、「人間宣言」は出したものの、いまだ民衆の頭に残っているであろう「現人神」「大元帥」のイメージを転換することで、国内の天皇（制）批判や戦争責任追及の声を抑え、「天皇（制）の維持を揺ぎ無いものにするための政策」という意味合いがありました。こうした考えには、GHQも異論はありませんでした。かくて天皇の地方巡幸は46年2月19、20両日の神奈川を皮切りに、東京・群馬・埼玉・千葉・静岡・愛知・岐阜・茨城と続きます。

翌46年6月の関西巡幸では、大阪府庁まえで歓迎の約4万人が天皇の身辺に押し寄せて歩行不能の状態に陥り、米軍憲兵が「空に向けて拳銃を二度発砲し」、そのあいだに天皇が庁舎内に入らなければならないほどの状況となりました。しかし、そのような熱狂のなかでも、ある米国人ジャーナリストは、醒めた目で早くも国民の福祉に関心を持つ民主的な君主という「新たな天皇像」を創りだそうとしている「宮中を取り巻く抜け目のない老人たち」の意図を看てとりました（舟橋正真「昭和天皇の『戦後巡幸』と宮中側近の動向」）。

この年、巡幸で人々と話すさいに天皇がしばしば発した「アッそう」が流行語になりました。しかし「実録」公表時の新聞記事（『読売新聞』）は、巡幸当時の侍従長の回想を引いて、天皇本人がその口癖を「自分は言葉が下手だから」と気にしていたことを紹介しています。敬語で話しかけられたことしかないために、また、一国の命運を左右する重い立場に在ったために、用心ぶかく考えてから話すくせがつき、感情をあらわす語彙も少なかったためだといわれています。

巡幸で訪れる先々では、戦争責任を問う声や天皇制批判を天皇に浴びせる人々もありました。しかし、大多数の人々は熱狂的に天皇を迎えました。大筋で占領軍当局に逆らわず、協力し、世に民主化の波起きたると見るや、自ら「民主主義」を唱導し、イメージ転換への旅へも出掛ける。巡幸を通して天皇と側近たちは、そうした自己の存続を賭けた一連の〝自己改革〟の手応えを——群衆が発するエネルギーに一抹の戸惑いと不安を感じながらも——つかんでいったことでしょう。

その後、沖縄を除く46都道府県、移動距離にして3万3千㎞に及ぶ戦後巡幸は、54年8月まで続きました。

4 憲法は画餅にあらず

「日本国憲法」が公布された1946年の「11月3日」（旧暦9月22日）は、明治天皇の誕生日（明治節）です。そうなったのは吉田茂首相が希望したからです。もともと吉田首相は施行日が47年の「2月11日」となるようにしたかったのですが、帝国議会での憲法案審議が長引き（46年10月7日通過）、次善の策として公布日に意味合いを持たせることになりました（古関前掲『日本国憲法の誕生』）。

新しい憲法の制定は、明治憲法の改正と

いう手続をとったこと、構成（章立て）も同憲法に倣っていることなど、いくつかの点で〝古い〟憲法との連続性をもっていますが、公布日を明治天皇の誕生日に定めたことも、明治憲法と同憲法が規定していた古い体制との連続性を残すための道具立てといえます。それでも、国民主権、基本的人権の尊重、平和主義という、明治憲法とは異なる理念・原則が採り入れられていることも動かしがたい事実です。

新たな憲法制定当時、「日曜娯楽版」という、たいそう好評を博していたラジオ番組がありました。なかでも、「冗談音楽」のコーナーは世相風刺の唄とコントで人気でしたが、新しい憲法もその風刺の洗礼を受けることになりました（三木鶏郎『冗談十年』上巻）。

新憲法の解説をいたします

（陰の声　ワタシは陰の声であります）

新憲法に於ては、何人も居住の自由を有する

（その答えは、但し家がない）

すべての国民は、健康で文化的な最低限度の生活を営む権利を有する

（但しヤミ屋か、強盗に限る）

国民は法律の定める所により納税の義務を負う

（全条文のうち唯一の現実的条文である）

両議院は三分の一以上の出席がなければ議事を開き、議決する事が出来ない

（出席簿を備附けねばならぬ！）

法の理念は、それが条文に保障されるだけでは不十分で、その実現へ向けた不断の努力によってはじめて全うされるのだと教えているようでもあります。

しかし、新しい憲法の諸理念が法の条文にさえ保障されない場所がありました。沖縄です。

5　理念の分界線

日本本土における占領が緒についたころ、ワシントンでは統合参謀本部が、対ソ戦略を考慮しながら沖縄を戦後における「最重要基地群」（世界10か所）の一つと位置づけていました（45年10月）。また、じっさいに沖縄占領に携っていた米軍は、45年10月に策定した基地開発計画を下絵に、在沖米軍を管轄する太平洋軍司令部による修正をへて、沖縄本島と伊江島あわせて7つの飛行場、さらに弾薬庫、燃料貯蔵庫、倉庫、通信施設、港湾施設、住宅、インフラ設備などを建設していきます。しかし、この時点でも沖縄の基地建設は、「半恒久的」なものにとどまっていました（鳥山前掲書および平良好利『戦後沖縄と米軍基地』）。

皆は〝がん違い〟している

沖縄を最重要基地とする統合参謀本部の戦略構想や在沖米軍の基地建設計画が策定される以前の45年9月には、25歳以上の男女に選挙権が賦与され、住民収容地区で議員と首長の選挙がおこなわれたことはありました。けれども、46年4月に沖縄民政府が設立されたとき、その知事は事実上、軍政府の任命知事でしたし、沖縄議会も知事の諮問に対する答申のみを権限としていました。

それが47年にはいると――本土で占領下の民主改革が頂点を迎えるころから――沖縄でも沖縄建設懇談会という政治集会が組織され（47年5月）、次いで沖縄民主同盟（6月）、沖縄人民党（7月）、さらに社会党（9月結成の沖縄社会党と10月結成の琉球社会党が同月に合流）といった政党の簇生を見、戦後の荒廃のなかからも政党活動が活発になってきました。そして、沖縄民政府の職員整理をきっかけとして、民政府知事ならびに沖縄議会の議員の公選を軍政府に求めていこうという声が高まっていきます（市町村長ならびに市町村議会議員選挙は翌48年2月実施）。年末に沖縄民主同盟が行った、知事・議員選挙促進のための署名運動には1万人以上が応じました（比嘉幹郎『沖縄　政治と政党』および鳥山前掲書）。

しかし米軍は、こうした動きを抑え込みに

かかります。47年10月には、米軍および民政府を非難する演説や印刷物などの流布を禁じる布告を発し、翌48年早々には「琉球の政府について」という文書を島民に示します（中野好夫代表編集『戦後資料 沖縄』）。琉球列島の統治形態について「少しかん違いしている人」もいるという書きだしで始まるこの文書を、本土の新憲法との比較で見てみましょう。

米軍主権・上意下達・占領批判の封殺

まず、統治主体（誰が治めるのか）については、「琉球列島の政府の形は『軍政府』であって……この軍政府が琉球列島を治めている」と断言します。さながら「軍政府主権」と表現したらよいでしょうか。そして、琉球列島の将来の帰属が決まるまで恒久的な「民政府」を設立することはできず、それまで軍政府が「なるだけ民主主義に則って」統治を行う旨を述べています。「なるだけ」とは軍事的必要の枠内でという意味に解することができます。

これに対して本土の憲法は、「主権が国民に存することを宣言し」て確定されています。公務員の選定・罷免は「国民固有の権利」ですし、両議院が「全国民を代表する選挙された議員で」組織されることも規定しています。また本土の場合、政治参加は「権利」ですが、琉球の場合、軍政府が発する命令・規則の遵守などのかたちで行われる政治・行政への参加は「義務」でした。

次に、政治リーダーの位置づけ、役割、責任について見ましょう。琉球群島・北部琉球列島・宮古・八重山列島の知事は「軍政府の手でそれぞれ……任命され」ます。したがって知事は、管轄地域の政治について任命者である「軍政府副長官に対して直接責任を負う」のです。知事の「務め」は軍政府から出される布告などを「人民に伝える」ことであり、「これらの布告が正しく実行されるように取り計ろう」にすぎません。上意下達の統治体制の〝中間管理職〟が任命知事なのです。

本土の憲法で、内閣総理大臣（以下、首相）は「国会議員の中から国会の議決で」指名されることになっています。したがって、首相を長とする内閣は、行政権の行使について「国会に対し連帯責任を負ふ」ことになります。さらに、国会は国民の代表によって構成されるのですから、最終的に内閣は国民に対して責任を持つという仕組みです。また憲法は、自治体の首長・議員は「住民が、直接これを選挙する」ことを保障し、自治体に財産管理、事務処理、行政執行、条例制定の権限を与えました。本土の場合、国および地方レベルいずれにおいても、国民または住民の意思を反映した政治指導が保障されたわけです。

第三に人権保障です。「琉球の政府について」も言論・出版の自由を認めています。しかし、そこには最初から「軍政府についてはその限りではない」という制限が付されていました。本土の場合も、GHQによる検閲が行われていましたし、憲法が保障する自由・権利を国民は「濫用」せず「公共の福祉」のために利用しなければならないと書かれてはいます。しかし、「すべての基本的人権」を不可侵・永久の権利として国民に保障するというのが憲法の前提です。

憲法〝治外法権〟の沖縄《シマ》

このように見てくると、日本国憲法の「国民主権」「基本的人権の尊重」は、軍事的必要が優先する沖縄では全くなかったか、著しく制限されていたと言わざるを得ません。くわえて、「9条」の平和主義は沖縄の要塞化という考えに支えられていました。本土と沖縄は、地理的な位置だけでなく、その後のクニやシマを形づくる基本理念の点でも分界線を引かれることになったのです。ただし本土についても、憲法に規定がありさえすれば、自由や民主主義が全うされるわけではないと繰り返しておきます。

日本国憲法の原案を起草したGHQの人々

は、明治憲法では立法権、行政権、軍の編制権、統帥権、宣戦・講和の権、外交関係処理権などの権利・権限が天皇に集中しているにもかかわらず有効な制約方法を欠いているので、「われわれの草案では、こういうやり方をくつがえさねばならない（this pattern must be reversed）」としたうえで、原案起草にあたっては「主権を完全に国民の手に（sovereignty squarely in the hands of the people）与える」ことを強調すべきだと考えました（高柳ほか前掲書）。私たちの手にしている主権あるいは民主主義とは、「与えられた」「上からの」もの（Gifted Democracy あるいは Democracy from Above）だったわけです。けれど、貰いものにしても、それを活かさない手はありません。たとえば、一票の格差を縮める努力や選挙制度を少しでも改良する努力を止めてしまえば、国民主権も宝の持ち腐れというものです。人権も、自己はもちろん、困難な境遇にある他者の身になって、不断にその拡充を求めていかなければ、まっとうされません。

かつて明治期の民権家・中江兆民は、古今東西の人権拡張および民主主義実現の歩みを「恢復（回復）の民権」と「恩賜の民権」に分類しましたが、本土が享受した人権と民主主義は――ＧＨＱから推し頂いたという意味で――「恩賜の民権」でした。それに対して沖縄は、集会・結社・言論・渡航などの自由を一つ一つ獲得していく「恢復の民権」を経験せざるを得ませんでした。そこから、頂き物の自由・民主主義と平和の下で安楽と成長と繁栄を追求する歴史を歩む本土と、軍政下で自治権・人権・民主主義をめぐる闘争の歴史を歩む沖縄、という「二つの日本」が生まれました（外岡秀俊『アジアへ』およびジョン・ダワー／ガバン・マコーマック『転換期の日本へ』）。

Ⅲ 対日早期講和と安保問題

1 早期講和の提唱

１９４７年3月17日、マッカーサーは、外国人記者クラブでの記者会見において、対日早期講和による占領終結を提案しました。この提案については、①占領目的が一応の達成をみていたこと、②異民族支配である占領は短い方がよいという哲学、③自己顕示欲の強さ、④大統領への野心、など「複合的」な動機があったと考えられています（肥田進「マッカーサーの早期講和論と大統領への野心」）。提案は、講和予備会議を招集すべきだという米国の呼びかけ、芦田均外相による連合国要人へのアプローチ、沖縄の将来に関する天皇メッセージなど、内外でさまざまな動きを生みだしました。

講和条約議決方式をめぐる対立

しかし、早期講和の機運は47年の終わりまでには失われていきます。要因の一つは、講和条約の議決方式をめぐる主要国間の対立です。米英両国は、対日参戦国による多数決方式が望ましいと考えました。これに対してソ連は、カイロからポツダムにいたる一連の連合国首脳会議、そして45年12月のモスクワ外相会議でも米英中ソの合意が前提になってきたのだから、対日講和問題も4国外相会議が主導して決めるべきだと主張しました。関係国間で調整が続けられましたが、けっきょく合意にはいたりませんでした（下斗米伸夫『日本冷戦史』）。

そして、対日早期講和が頓挫したもう一つの理由は、米国による対ソ封じ込め政策の導入にともなう対日政策の転換にありました。

対立尖鋭化の内外情勢

マッカーサーによる講和提唱の前後、内外の政治・社会情勢は各所で対立先鋭化の様相をみせていました。46年3月、チャーチル前英首相が、バルト海沿岸のシュテッチンからアドリア海沿岸のトリエステを結ぶ線の東側はソ連支配下に入ってしまったという「鉄のカーテン」演説を行います。翌年3月にはトルーマン大統領が、ギリシャ・トルコの共産化は東地中海世界をソ連ブロックに組み入れ、さらに中東情勢にも影響を及ぼすとの懸念から、両国への梃子いれを宣明（トルーマン・ドクトリン）しました。また、同時期にモスクワで開催されていた米英ソ仏4国外相会議も、ドイツ管理問題をめぐって決裂します。

チャーチル英首相

トルーマン米大統領

国内に目をやれば、46年5月に開かれた飯米獲得人民大会（食糧メーデー）では、デモ隊が首相官邸に押しかけ、マッカーサーが「暴民デモ許さず」との声明を発する事態となりました。また47年劈頭には、やはりマッカーサーの中止命令により実施にはいたらなかったものの、官公庁労組を中心に未曾有の規模で「2・1スト」が計画されました。そして、4月に実施された初の参院選で社会党が第1党となり、直後の衆院選でも社会党が相対第1党の座を占め、新憲法下で初の内閣として社会党の片山哲を首班とする連立内閣（社・民・国協）が成立します。

対日早期講和の提唱は、このような情勢のなかでおこなわれたのでした。それはまた――占領の一般原則からすれば――米軍を主力とする占領軍が占領地である日本から撤退することを意味していました。

2 〝芦田外交〟

片山政権に副総理格の外相として入閣した芦田均（民主党）は、講和交渉にそなえた「下準備」が不可欠と考えます。

「要望書」の手交と返却

第一次大戦後のパリ講和会議に日本全権団の随員として参加した経験をもつ芦田外相は、戦勝国が御膳立てを済ませたところに敗戦国であるドイツが引きだされ、峻厳な講和を強制されたさまを記憶しており、どうすれば日本がそのようにならずにすむか考えました。その答えが、講和に関る日本側の意向を秘密裡かつ事前に連合国側に伝えることでした。しかし、それは両刃の剣で、負けた側が勝った側に意見するなどということは傲岸不遜と受け取られる懸念がありました。さしあたり芦田外相は、ジョージ・アチソンGHQ政治顧問、ホイットニー同民政局長へ接触をはかります。かねて外務省幹部レベルが準備していた講和問題に関する日本側の「要望書」を、アチソン（7月26日）とホイットニー（同28日）にそれぞれ手渡しました（芦田 均著、進藤榮一・下河辺元春編『芦田均日記』〔以下、『芦田均日記』〕第7巻）。

要望書は比較的に簡潔なものでした。講和後の安全保障については、国際環境がいまだ大国の協調関係にあることを前提に、また、憲法に謳われた軍備不保持の前提に立って、国連による安全保障を希望する内容でした（大嶽秀夫編・解説『戦後日本防衛問題資料集』第1巻）。

ところがアチソンとホイットニーは、講和を強制されるべき日本側から要望を表明することは日本人の態度が「アロガント」（不遜）であると解釈されるおそれがあり、とくに対日強硬国を刺激するとの理由で、要望書を芦田外相に返却します。

芦田均外相

沖縄から睨みをきかす

経路は絶たれたかに思われました。しかし、その途が横浜から開けます。

外交権を停止されていた外務省は、主要業務を占領当局との折衝に限られ、そのために中央（東京）と地方の「終戦連絡事務局」が設けられていました。米第8軍が駐屯する横浜の終戦連絡事務局は「準中央的」な位置を占めます。その鈴木九萬《ただかつ》局長とアイケルバーガー中将が懇意だったのです（内政史研究会「鈴木九萬氏談話速記録」）。

47年9月5日、鈴木局長はアイケルバーガー司令官を訪れたさい、陸軍省の命により一時帰国することになった旨を伝えられます。また、米軍の日本駐屯問題について日本側の見解を求められました。

10日に持たれた鈴木との会談でアイケルバーガーは、間接侵略に関しては日本の「コンスタビュラリー」（constabulary 占領地域の住民により構成される「治安警察隊」）の増強で対処する考えを示しました。この頃、「侵略」には国外の共産勢力が武力攻撃してくる「直接侵略」と、国内の共産勢力がソ連の指示によってデモや騒擾を契機に政府・体制転覆をはかる「間接侵略」があると考えられていました。後者への対策が国内「治安維持」にあたります。また、対外的安全保障については、連合軍の撤退後に共産勢力が南樺太・千島から日本に侵攻するような事態に対し、沖縄・グアムなどから睨みをきかせ「イザと言ふ場合浦塩〔ウラジオストック〕その他の要点に原子爆弾を落すことも考へられる」という見解を伝えたのでした。会談を終えた鈴木は、外務省幹部に会見のようすを報告します。そして、少数の幹部によってアイケルバーガーに渡す文案が協議され、芦田外相が同案に修正をくわえました（『芦田均日記』第2および第7巻）。こうして作成されたのが「芦田書簡」です。

3 「芦田書簡」を読む

書簡は、講和・独立回復後も日本に米軍などの外国軍隊を駐屯させることは、「色々の角度から慎重に考慮すべき問題」であると書き起こされます（『芦田均日記』第7巻）。

日本監視軍が抑止力に!?

そう前置きした後、書簡はまず米ソ関係が良好な場合には「国際連合も速やかに平和の保障として立派に活動するであらう」から、日本の安全は国連によって保護してもらいたい、との意見を示します。国内治安についても、「十分な警察力」さえあれば独立を脅かされる心配はないと述べます。

しかし、現実にはすでに米ソ冷戦といわれ

る事態が顕在化しています。国連安保理で米ソが拒否権を行使しあって、国連が機能麻痺に陥る場合です。他の方法を考えなければならないことになります。一つの方法は、米軍が「平和条約の実行の監視に関連し日本国内に駐屯する結果が日本の安全に対し齎す影響」です。このような軍隊の駐屯が「侵略の保障となることは疑いない」と言うのです。

しかし、この方法には少なくとも二つ問題があります。一つは、書簡を詳細に検討した三浦陽一氏ならびに植田麻記子氏が指摘するように、講和条約履行監視を名目に駐屯する外国軍隊によって、監督の範囲が日本の非武装化だけでなく民主化などにまで拡大されて「主権侵害」「独立毀損」をもたらすおそれのある点です（『吉田茂とサンフランシスコ講和』上ならびに「占領初期における芦田均の国際情勢認識」）。もう一つは、実効性の問題です。平和条約履行監視のための駐屯を「保障占領」といいます。保障占領にあたる米軍などの外国軍隊は監視のために日本にいるのであって、その防衛のためにいるわけではありません。有事のさい、それらの軍隊が日本から撤退することはあり得るわけです。

有事駐留方式

こうして、書簡が最後に提示するのが、次のように米国と協定を結んで日本の安全を同国に委ねる方法です。

何れにしても日本に近い外側の地域の軍事的要地には米国の兵力が十分にあることが予想される。かかる特別協定の内容は（「第三国」によって）日本の独立が脅威せらるるような場合（これは太平洋における平和が脅威されることを意味する）米国側は日本政府と合議の上何時にても日本の国内に軍隊を進駐する共にその軍事基地を使用出来る。

この箇所について指摘されるのが、米軍は、平時は日本に駐屯せず、武力攻撃やその差し迫った脅威が生じた場合（＝有事）にのみ、日本近辺の軍事的要地から支援に駆けつけるという意味で「有事駐留方式」だ、という点です。前出の三浦氏によれば、芦田がこの方式をとるにいたった理由を次のように考察しています。すなわち、憲法で非武装を宣言した日本のような国家は、「独立を維持するには安全に不安があり」、反対に「安全を重視すれば他国への依存が生まれて独立が脅かされる」という〝ジレンマ〟をかかえるもので、そのあいだで「苦し」んだすえに産み出されたのが「有事駐留という妥協案」だ、と。

しかし芦田書簡には、本土における米軍の常時駐留を回避するため、沖縄などにおける同軍の常時駐留を是認するという限界があります。その意味で、書簡の構想は、「本土有事駐留」方式と呼ぶべきです。のちに吉田茂首相が結ぶ日米安保条約が、日本本土に米軍が常時駐留する内容であったことから、芦田書簡と同条約との〝違い〟が指摘されることがあります。けれども、吉田首相は本土に米軍基地を置けば沖縄に基地は要らないと考えたわけではありませんでした。その点では芦田構想も吉田構想も同じです。

「日本に近い外側の地域の軍事的要地」という箇所も論議を呼びます。明示されていないものの、沖縄やグアムを示唆すると考えられています。「日本に近い」ということは、沖縄は日本に含まれないのかという問題点も浮かびます。この点について三浦氏は、沖縄が「アメリカの信託統治領になると予想されていたための表現だろう」と推測しています。

また、福永文夫氏は近著のなかで、沖縄と千島は政治・経済・人種的にも日本と一体なので連合国側にはその点を配慮して欲しいが、固有の領土という理由で沖縄の返還をもとめるのは、日本の主権を北海道・本州・九州・四国と連合国の決める諸小島に局限するポツダム宣言第8項に違反するとの認識を示した芦田外相の国会答弁を紹介しています（『日本占領史 1945-1952』）。就任早々の芦田外相が、外国人記者との会見（6月5日）で、沖縄および千島の一部に対する主権の返還を希望する、あるいは、来るべき講和会議で返還を懇請すると述べた、という内容の記事が各紙に報じられました（6月7日）。すると、すぐさま英国は、敗戦国の外相によるこのような発言に態度を硬化させ、千島の「ソ連割譲」は米英ソ三大国がヤルタで協定した「最終的な決定」であるとの見解を表明したのです。前記の国会答弁は、新聞紙上に掲載された芦田外相の発言をめぐり、その真意を問われたことに対する答弁だったのです。つまり、いったんは沖縄・千島に対する主権の返還を求める発言をしたが、連合国側の強硬姿勢にあい、日本の主権の及ぶ範囲は講和会議における「連合国の決定」にまつというふうに、――少なくとも公には――事実上の撤回を表明したのが芦田外相の答弁だったということになります。

　最後に書簡は、「何れにしても……米国の兵力が十分にあることが予想される」と、米国が戦略上の必要から沖縄などの場所に軍隊をプレゼンスさせるだろう、という見通しを述べています。芦田書簡が策定された、まさに47年9月における沖縄本島の軍用地状況は、約4万3千エーカーで、これは本島総面積の約14パーセントに相当しました（鳥山前掲書および平良前掲書）。

米国が駆けつける根拠

　以上の点に加えて、「日本国の独立と安全とを保障する方法」として指摘すべき根本的な問題がこの書簡にはあるように思います。なぜ米国は日本の防備を「委ね」られなければならないのか、米国はなぜ日本有事に駆けつけなければならないのか――米軍の有事駐留をどのように位置づけるか、また、性格づけるか――という問題です。書簡は「日本の独立が脅威せらるるような場合（これは太平洋における平和が脅威されることを意味する）」から米国は駆けつけざるを得ない、という理屈になっています。たしかに、太平洋の安全は米国も戦略上また通商上おおいに関心を持たざるを得ないことでしょう。それでも、米国が、日本の独立＝太平洋の安全＝米国の安全と一蓮托生に捉える保証はありません。また、独立と安全を米国の手に委ねる措置は、第二次大戦後において世界の安全保障にかかわる普遍的な機関である国連やその憲章との関連をまったく考慮しなくてもよいものでしょうか。このように、米国による安全保障の実効性や国連という枠組みとの関連性において、書簡は問題を孕んでいました。

国内治安対策

　国内治安については、「本年（47年）二月一日に実行を計画されたゼネストの如き騒擾を現在の警察力で抑制することの非常に困難なのは経験の示すところ」だが、やはり国内の警察力を「陸上及び海上において増加する」ことが必要だとの見解を示しています。そのさい、ゼネストのような「共産主義的の騒擾は米ソ関係が悪化するに従い今後も繰返され且つその力も強まる」と見通していることは、国際冷戦と国内冷戦の連動を想定していたという点で留意されるべきです。

　以上の内容をもつ「芦田書簡」を米側（アイケルバーガー）に渡すまでの〝芦田外交〟の経緯は、芦田外相によって――その日記から確認できるところでは――2度、昭和天皇に内奏（国政報告）されています。その2度目は47年9月19日でした。

Ⅳ 沖縄の将来に関する天皇メッセージ再考

「昭和天皇実録」を閲覧できた人たちによれば、「実録」は芦田外相の内奏を9月19日「午後」、そして、天皇の御用掛（この場合は外交アドバイザーといった意）・寺崎英成の拝謁は同日「午前」と記しているそうです。ただし、その記述には「辻褄が合わない気」も禁じえないのだそうです（半藤一利・保阪正康・御厨貴『「昭和天皇実録」の衝撃　戦後篇』）。前後関係の確定にはさらに考究の余地があることは否定できませんが、その二つのことが同じ日に行われているのは興味ぶかいことです。

1 メッセージ作成の背景

寺崎がGHQ政治顧問シーボルトを訪れた目的は、琉球諸島の将来に関する天皇の意見をマッカーサーに伝えることでした。そうした行動をとる要因の一つには、施行後まもない憲法をめぐる、ある見解の相違がありました。

すなわち、「戦争を放棄する」ことや「完全に軍備を持たないこと」（＝憲法9条の理想）こそ日本にとって「最大の安全保障」であり「日本が生きる唯一の道」であると説くマッカーサーと、国際情勢はそのような「理想よりは未だに遠い」ようなので、「その国際情勢の下に、戦争放棄を実行する日本が危険にさらさせ《ママ》る事のない」よう、日本の安全保障は「アングロサクソンの代表者である米国が、そのイニシアチブを執ることを要する」とする昭和天皇との見解相違です（豊下楢彦『安保条約の成立』）。ただし、マッカーサーは、戦争放棄と軍備不保持の日本は「今や世界を動かしつつある崇高な理想」（＝国連）に安全を委ねるべきだと説くいっぽうで、そのような安全保障が可能になるまで、沖縄の要塞化によって日本の安全を確保すべきだと説く〝双面神〟でもあったことは、すでに見たとおりです。

そして、芦田外相による外国人記者との会見や〝外交〟の展開がありました。さらに、『芦田均日記』編纂者の一人であり、他ならぬ天皇メッセージの発見者である進藤榮一氏は、新憲法下において、宮廷民主化を完遂しようとする芦田外相とそれに執拗に抗う天皇および側近たちとのあいだに存在した、天皇制のありようをめぐる「力のせめぎ合い」ないしは「対立」にも刮眼すべきだと指摘します（「芦田均と戦後改革」）。〝君臨すれども統治せず〟という型の君主になるべき天皇が、講和・安保などの政治問題に関ることは好ましくないと考える芦田と、それらの問題を外相だけに任せておくことはできないと考え、外交の主導権を掌中に残そうとする宮廷サイドとの〝せめぎ合い〟です。

2 「天皇メッセージ」を読む

かつて筆者は、天皇メッセージを「安全保障構想」と特徴づけました（拙著『沖縄基地問題の歴史』）。その場合、何から何の安全をはかるのかが先ず問題となるはずです。

外から、上からの脅威

脅威認識について芦田書簡は、「第三国」が日本の独立を脅かすこと、あるいは「共産主義的の騒擾」と簡潔でした。それに比べると天皇メッセージは、「日本国民」に対する「ロシアの脅威」や、「占領が終わったのちに右翼および左翼勢力が台頭し、日本の内政に干渉するための根拠としてロシアが利用しうるような『事件』を引き起こす」事態が脅威だと想定しています（進藤榮一「分割された領土」および山極晃・中村政則編、岡田良之助訳『資料日本占領　1　天皇制』）。具体的です。そして、この脅威認識は、大戦末期（45年2月）に近衛文麿元首相が、戦争の遷延によって日本社会は〝外〟（国際共産主義）、〝上〟（「新官僚」と少壮軍人）、〝下〟（民衆）という3つのレベルで「共産主義達成のあらゆる条件」をそなえつつあると警鐘を鳴らした「上奏文」の脅威認識とよく似ています。

また、天皇メッセージでは革命の脅威は「日本国民」に迫るものという想定ですが、その脅威は誰よりも天皇自身にとって切実だったはずです。なにしろ、ヨーロッパの革命の歴史では、君主が首を刎ねられたり、流刑に処された挙句、家族もろとも処刑されるということもあったのですから。戦犯裁判にかけられることはマッカーサーの戦略もありひとまず回避しえたものの、ソ連をも含む連合軍による占領下では、戦争責任論や訴追論という、自身の処罰に直結しかねない要素がつねに伏在していました。

天皇メッセージの想定する不吉なシナリオは次のようなものでしょう。戦争—敗戦—占領という未曽有の変動のすえ、日本に乗り込んできた〝新官僚〟たるGHQ改革派（民政局のニューディーラー）は社会党と共産党を含む政党の復活、労働組合活動の奨励などのかたちで民衆の政治的エネルギーを解放した。他方で、ソ連は大戦末期にヨーロッパと東アジアで勢力を伸張し、米英との関係を悪化させている。そのソ連は「占領軍が引揚げたら日本に入り込む」（三浦前掲書）。

では〝下〟＝民衆という革命の条件についてはどのような想定をしていたのでしょう。

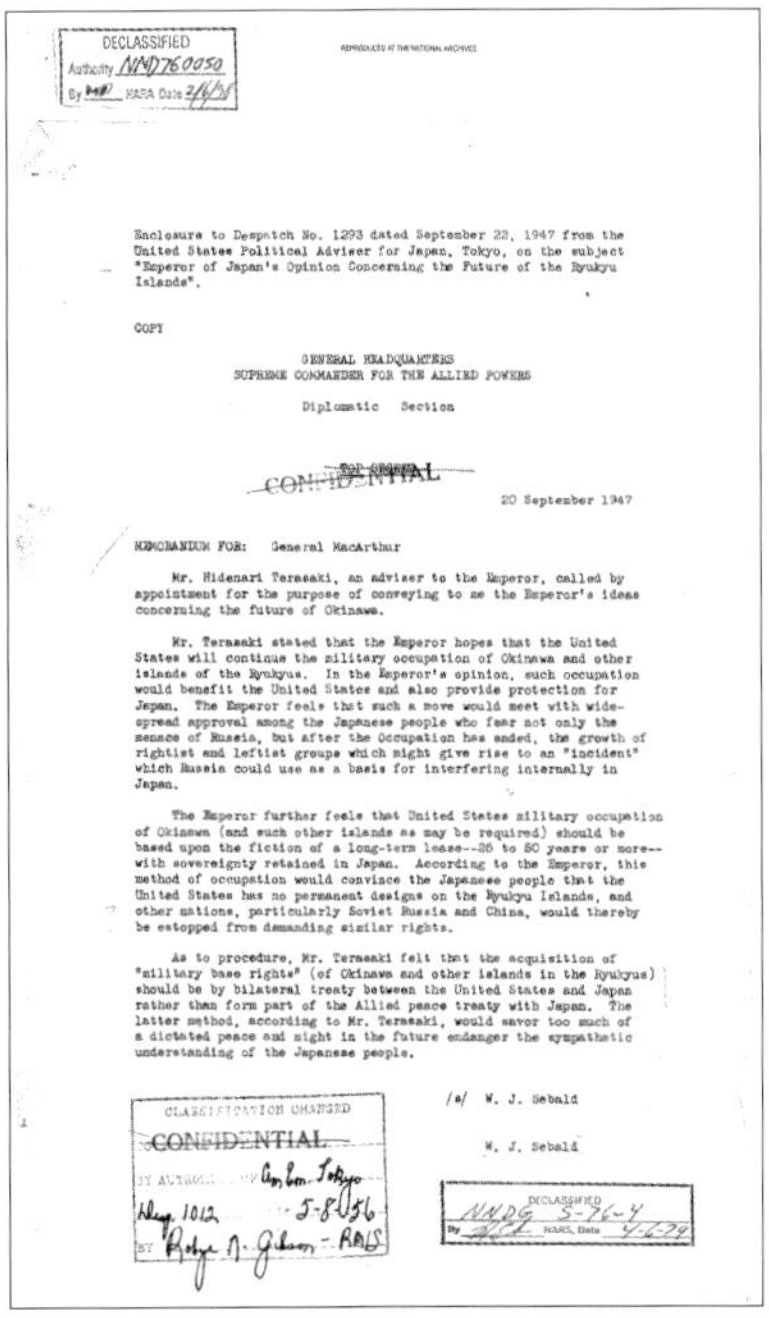
DECLASSIFIED
Authority NND760050
By [illegible] NARA Date 2/6/[illegible]

REPRODUCED AT THE NATIONAL ARCHIVES

Enclosure to Despatch No. 1293 dated September 22, 1947 from the United States Political Adviser for Japan, Tokyo, on the subject "Emperor of Japan's Opinion Concerning the Future of the Ryukyu Islands".

COPY

GENERAL HEADQUARTERS
SUPREME COMMANDER FOR THE ALLIED POWERS

Diplomatic Section

~~TOP SECRET~~ ~~CONFIDENTIAL~~

20 September 1947

MEMORANDUM FOR: General MacArthur

Mr. Hidenari Terasaki, an adviser to the Emperor, called by appointment for the purpose of conveying to me the Emperor's ideas concerning the future of Okinawa.

Mr. Terasaki stated that the Emperor hopes that the United States will continue the military occupation of Okinawa and other islands of the Ryukyus. In the Emperor's opinion, such occupation would benefit the United States and also provide protection for Japan. The Emperor feels that such a move would meet with wide-spread approval among the Japanese people who fear not only the menace of Russia, but after the Occupation has ended, the growth of rightist and leftist groups which might give rise to an "incident" which Russia could use as a basis for interfering internally in Japan.

The Emperor further feels that United States military occupation of Okinawa (and such other islands as may be required) should be based upon the fiction of a long-term lease--25 to 50 years or more--with sovereignty retained in Japan. According to the Emperor, this method of occupation would convince the Japanese people that the United States has no permanent designs on the Ryukyu Islands, and other nations, particularly Soviet Russia and China, would thereby be estopped from demanding similar rights.

As to procedure, Mr. Terasaki felt that the acquisition of "military base rights" (of Okinawa and other islands in the Ryukyus) should be by bilateral treaty between the United States and Japan rather than form part of the Allied peace treaty with Japan. The latter method, according to Mr. Terasaki, would savor too much of a dictated peace and might in the future endanger the sympathetic understanding of the Japanese people.

/s/ W. J. Sebald

W. J. Sebald

CLASSIFICATION CHANGED
~~CONFIDENTIAL~~
BY AUTHORITY OF AmEmb Tokyo
Desp. 1012 5-8-56
BY Rodger [illegible] Gibson - RMS

DECLASSIFIED
NNDG 5-76-4
By [illegible] NARS, Date 4-6-79

天皇メッセージの内容を伝える覚書

下からの脅威

天皇メッセージのなかでは、「日本国民」は革命の脅威にさらされる存在です。しかし、メッセージの作成・伝達にいたるまでに天皇自身および側近がマッカーサーやGHQの要人に述べた内容からは、また別の日本人像が立ちのぼってきます。

46年4月から6月のあいだに作成されたと考えられているGHQ文書によれば、天皇は日本人について、「民主化に必要な教育」も「真の宗教心」も欠いていると言っています。そのため日本人は「一方の極端からもう一方の極端へ揺れやすい」性格であると、天皇は分析します（ジョン・W・ダワー著、拙訳「天皇制民主主義の誕生」）。

天皇の同様な日本人観は、新憲法公布2週間前（46年10月16日）におこなわれたマッカーサーとの会見（第3回）でも示されます。天皇は、5月の食糧事情悪化によって「第三者の使嗾〔しそう＝けしかけること〕に係るデモンストレーションも激しく、一つの危機が到来した」が、「貴将軍の理解ある御援助により之を切り抜け得た」ことに謝意を述べます。共産主義者の煽動により食糧メーデーが行われたが、マッカーサーの「暴民デモは許さず」との一喝によって危機の続発は切り抜けられたと評価したのです（長沼節夫「初公開された『天皇―マッカーサー』第三回会見の全容」）。

天皇は、上述の自身の日本人観とも関連させながら、次のように続けます。「何事も真似をする場合、権利の面のみを真似し義務の面を等閑に付する事はありがちの事ではありますが、日本人の教養未だ低く且宗教心の足らない現在、米国に行はれる『ストライキ』

を見て、それを行へば民主主義国家になれるかと思ふ様な者も不尠《すくなからず》、これに加ふるに色々な悪条件を利用して為にせんとする第三者ありとせば、国家経済再建の前途は誠に憂慮に堪へぬと申さねばなりません」、と。沖縄メッセージにいたる時期の天皇の日本人観は、付和雷同、低い教養、真の宗教心の欠如、義務の軽視、他者への追従、思想的振幅の大きさ、などにあったと考えられます。

ただし、思想振幅の激しさについては、国民の側にも〝自覚〟がありました。それは、「八紘一宇」という戦争政策遂行の標語を少し前まで唱道した日本人が、わずかの間に「民主主義」という初期占領改革の標語を信奉するようになったさまを皮肉るコントが作られ、ウケたことなどに示されています（平凡社編集部編『ドキュメント昭和世相史 戦後篇』）。

さきに、大阪で民衆の熱烈な歓迎によって天皇が立往生し、米軍の威嚇発砲に守られてようやく府庁内に入ることができたエピソードを紹介しました。今は「歓迎」を叫んでいる国民が、食糧事情悪化などをきっかけとして、不平不満のハケ口を、次には「打倒」「廃止」を叫びながら自らに向けてくるかもしれませんでした。じっさい、天皇がマッカーサーとの会見で言及した「一つの危機」が到来したとき、デモのなかには「働いても働いても何故私達は飢えねばならぬか、天皇ヒロヒト答えて呉れ」と、批判の矛先を天皇に向けたプラカードがありました。

沖縄の長期占領を希望する

以上のような外・上・下からの革命の脅威に対して、天皇と側近たちはどのような安全保障措置を構想したのでしょうか。

47年6月、外務省内では「日本が米、英、華、ソ何れとアイデンティファイすべきか」との問題が提起されていました。しかし天皇は、遅くとも新憲法施行3日目に行われたマッカーサーとの会見（第4回）までには、日本の安全保障をはかるため、アングロサクソンの代表者である「米国が、そのイニシアチブを執ること」をマッカーサーに要望しています（豊下前掲書）。また、7月21日に行われた芦田外相による外交問題内奏でも、天皇は「日本としては結局アメリカと同調すべきでソ聯との協調は六ヶ敷い」との見解を示しました。こうしてまず――国連や憲法9条ではなく――米国（の主導）による安保という基本線が提示されます（『芦田均日記』第2巻）。

そして、米国主導の安保措置の具体化が、同国による沖縄の長期占領でした。シーボルトがマッカーサーとマーシャル国務長官に宛てた、天皇メッセージの内容を伝える覚書には次のようにあります。

> 寺崎氏は、天皇は米国が沖縄、その他の琉球諸島に対する軍事占領を継続するよう希望している、と述べた。天皇の考えでは、そのような占領は米国の利益になり、また、日本を防衛することにもなろう、というのである。

占領終了によって米軍が日本本土からは撤退しても、沖縄に米国の軍事的プレゼンスがあれば、睨みもきくし、有事には同軍が武力攻撃や革命の危機から「日本」を防衛するだろう、という考えです。

ここで問題となるのが、「日本」に沖縄は入っているか、ということです。沖縄戦が闘われた理由の一つは日本政府による沖縄「捨て石」戦略でした。また、大戦末期に近衛文麿らが画策したソ連を仲介とする対米英和平構想では、和平条件として沖縄・小笠原などを「捨て」ることも止むをえないと考えられていました。沖縄を「捨て」た戦中と、今また「残そう」とする戦後との連続性を指摘しないわけにはいきません。この指摘は一見すると奇異に感じられるかもしれません。しかし、根っこのところで、「捨て」ようと「残そう」と〝いかようにも〟できるといった発想が有りはしないでしょうか。だとすると、「捨てる」と「残す」は同じ幹から出た2本の枝にすぎないことになります。

　他方、「米国の利益にな」る、とはどういうことでしょう。沖縄を最重要基地の一つにするという米統合参謀本部の決定（45年10月）を、天皇と側近が知っていたか否かは判然としません。しかし、米ソ関係が悪化するなかで、米軍が占領している沖縄の基地の重要性が増大しているであろうと考えることは難しくなかったはずです。現に芦田書簡は、米ソ関係が改善されず世界不安の生ずる場合は「何れにしても日本に近い外側の地域の軍事的要地には米国の兵力が十分にある」と予想していました。そうした、ソ連とのグローバルな闘いに用いるため米国が必要とする戦略上の利益と、共産主義者の攻勢から「日本を防衛」することは合致すると天皇メッセージは述べているのです。米国の戦略上の利益のために〝基地沖縄〟を供することによって、米軍は「日本」有事に駆けつけると考えたわけです。

沖縄に対する主権を日本に残存させる

　天皇メッセージは、米軍による沖縄の占領方式についても、「主権を残存させたかたちで、長期の――25年から50年ないしそれ以上の――貸与をするという擬制にもとづいて行われるべきである」と、提案しています。

　なぜ、このように凝ったことをしなければならないのでしょう。日本が沖縄に立法・行政・司法権を行使するような主権の持ち方をしたら、米側は「我々の軍事的必要は満たせない」と難色を示すのではないか。逆に、沖縄に対する日本の主権が何らかのかたちで示されなければ、日本国民は米国に対して失地回復感情を燃やすのではないか。あるいは、沖縄に対する主権の所在が不明では、中国が沖縄に対する主権を主張する事態を招くかもしれない。それらの問題点を解消するために、沖縄に対する形式的な主権を日本に残すというやり方が適当と考えられたのです。

　シーボルトの覚書には、天皇は、このような占領方式が「米国は琉球諸島に対していかなる恒久的野心（米国に併合・領有するという野心）も持っていないと日本国民に確信させ、ひいてはこれにより、他の諸国、とりわけソ連と中国が同様の権利を要求することを封ずるであろう」と考えている旨の記述があります。この点について、さきの三浦陽一氏は、沖縄の領有を主張している中国に「ソ連が中ソ友好条約によって対日講和での中国との同歩調を約していたことを念頭においたものだろう」と推定しています（『吉田茂とサンフランシスコ講和 上』）。ただ、芦田外相が行っていた発言や国会答弁などを考えると、「千島」に対するソ連の明確な領有主張を封ずるためであると考えることもできます。すでに触れたように、芦田外相は6月はじめの外国人記者団との会見で、「沖縄」と「千島」の返還を望む意向を表明しました。ところが、直後に英国外務省が「千島」のソ連引き渡しはヤルタで合意された最終的決定であるとの声明を発表すると、芦田外相は実質的に外国人記者団に述べた発言を撤回する答弁を行いました。それらを踏まえると、天皇メッセージにいう「ソ連と中国が同様の権利を要求する」とは、南で沖縄に対する主権が浮き上がるような処置の仕方をすれば中国がその領有を主張するだけでなく、北でもソ連が「千島」の領有を主張しかねないという懸念の表明だった可能性もあります。

　関連して言えば、天皇と側近たちが、主権を日本に残したかたちにして米国の沖縄占領を許与するという方式をいつ頃から考え始めたかは明確でありませんが、その方式はさきの芦田外相の発言や国会答弁とは相いれなかったはずです。米軍が必ず長期に沖縄に留まるよう、米国の軍事的必要を満たすため、日本の主権を形式的なものに留めざるを得ないと考えれば、芦田外相が外国人記者団に語った「主権回復」の要望は強すぎます。また、その要望を撤回し、沖縄・「千島」に対する主権の所在を連合国の決定にゆだねるのでは国民感情が承知しないのではないか。さらに、芦田書簡が沖縄の信託統治を前提にしていたとすると、米国が沖縄に軍事的必要を認めているあいだは米国が同島を統治し、その必要が無くなったら独立することになるので、いずれも日本の主権は及ばなくなってしまう。こうした問題をめぐる芦田外相の議論に対する、ある意味〝ダメ出し〟が天皇メッセージ成立の一因だったかもしれません。

押し付け沖縄占領論を封じるために

メッセージの内容を伝えるシーボルトの覚書は、最後に寺崎が沖縄とその他の琉球諸島に対する「軍事基地権」取得の手続に関して、「連合国の対日講和条約の一部」としてではなく、日米二国間条約によるべきだという考えを示したと述べています。講和条約は戦争で勝った側（連合国）と負けた側（日本）との後始末ですから、勝った側によって「押し付けられた講和という色合いが強すぎ」て、いずれ「日本国民による行為的理解を危うくするおそれ」があるというのです。長期貸与によって沖縄における軍事基地権を認める方式が押し付けだとなれば、日本国民の対米・対連合国感情が悪化し、それら諸国との広い意味での友好関係に悪影響を及ぼすことになる、という懸念の表明と読むこともできます。けれども、押し付け講和論あるいは押し付け沖縄占領論が国民のあいだに高まり、その国民感情と世論が米軍を沖縄から追い出すようなことにでもなれば、沖縄における米国の軍事的プレゼンスによって共産革命の脅威を抑え込むという、メッセージのシナリオが根柢から掘り崩されかねないという懸念の表明と読むこともできます。

3 昭和天皇の〝第二メッセージ〟

以上のメッセージが米側へ伝えられたということだけでも、法的また政治的な問題性を孕むと言わざるをえません。しかし、宮廷サイドは〝二の矢〟も放っていたのです。

中国情勢と地域的反共防衛ラインの提唱

48年1月には、ロイヤル米陸軍長官が日本を全体主義に対する防壁にするとの内容を含む演説をし、3月には国務・陸軍両省高官が、対日政策に関してマッカーサーの見解を聴取するため訪日する運びとなっていました。こうした動向を見計ったかのように、ふたたび昭和天皇のメッセージ（48年2月26日付）が寺崎からシーボルトへ伝えられます（山極・中村編、岡田訳前掲資料集）。

第二メッセージは、国共内戦で苦境に立つ国民党・蒋介石に対する米国の支援政策への論評で始まります。中国情勢を安定させるために米国が際限なく金と資材を中国に投入することは誤りである。中国は、目に見える成果を生まない沼地のようなものであり、米国といえども事態改善をもたらすほどの力はない。しかし、米国は政治的理由から引き続き現中国政府を援助せざるを得ない。寺崎は、こう述べた後、自身の考える「現実的政策」として次の見解を示すのでした。

……南朝鮮、日本、琉球、フィリピン、そして可能ならば台湾を米国の最前線地域として選ぶというものであろう。米国の安全保障区域の境界線が右記の地域を最前線として明確に設定されるならば、東洋における米国の立場は鉄壁になるであろう。

寺崎英成御用掛

これについてシーボルトは、寺崎が「ソ連の侵略ないしは侵攻に備え、米国が中国本土を除くこれらの地域の保持のため鋭意努力するさまを心に描いている」との印象を持ち、また、このような見解が「天皇を含む多くの有力な皇族との議論にもとづくものと考える理由がある」と確信しました。そして、シーボルトは、会談内容を伝える国務長官宛文書を次のように結びました。

> 前述の見解のなかに日本人としての利己的関心、すなわち、たとえ長期にわたって日本が軍事占領されるという代価を払っても、米国による対ソ連防衛の保証を確保しようとする願望と、中国が今後も弱体であり、したがって、予見しうる将来においても日本に対する侵略的政策をとりえないことを望む気持ちとを察知することができます。

沖縄"前縁"化構想ふたたび

このように、48年2月のメッセージを読むとき、次のような天皇および側近たちにとっての安全保障構想が浮かびあがってきます。すなわち、米国が日本をアジアにおける反共の防壁に位置づけるや、朝鮮半島ならびに中国の安定と日本の安定とを不可分・一体に連結し、朝鮮半島ならびに中国の共産主義運動に起因する有事は日本の安全をも脅かしかねないという認識にたって、沖縄と日本を東アジアにおける米国の反共封じ込め最前線基地として提供する旨を自発的に申し出ることを「現実的政策」としたのです。共産革命の脅威とそれへの対処の視野を日本区域外へも拡張し、米国が展開しつつあったグローバルな反共封じ込め政策と積極的に同調しながら、米国が東アジアにおける封じ込め戦略に必要とする前進基地を自発的に提供することに自己保存を懸けようとする安全保障構想と言えるのではないでしょうか。

しかし、そのような構想は、沖縄をふたたび天皇と側近たちにとっての前進防衛ラインの要石として位置づけるものでした。

V 講和遷延と基地論争

対日早期講和の機運は、芦田書簡と天皇メッセージが米国側に伝えられる契機となりました。以下では、その機運を頓挫させた今ひとつの要因であり、他方、天皇の第二メッセージ作成の契機になったとも考えられる、米国政府における対日政策の転換についてお話しましょう。

1 冷戦の論理

45年10月いらい対日講和条約案の起草を進めていた国務省極東局が47年8月5日付で作成した条約案は、講和後も対日監視機関をおくこと、25年間におよぶ非武装・非軍事化取り決めの締結を含む、峻厳かつ懲罰的な内容でした。何より留意すべきは、基底にあるのが、「東アジアにおける対ソ協調を想定した戦時〔第2次大戦時〕外交の枠組み」だった点です（五十嵐武士『戦後日米関係の形成』）。

当時、国務省に新設されたばかりの政策企画室で極東局の条約案を検討した担当官は、同案が日本を米国にとって「信頼できる同盟国」にするという目標を促進するものでないと見ました。そして、日本が再び一級の軍事国となる可能性はなく、もはや非軍事化は問題ではないと考えました。さらに、民主化にしても、ソ連も参加する国際的監視機関の設置は、同国が日本にソ連型の全体主義をもたらすよう画策する機会を与えるおそれがあるにもかかわらず、占領軍撤退後に日本政府が安全と秩序維持に使用できるのは、小火器で武装した警察力にすぎないと分析しました。担当官は、こうした分析を、政策企画室長に抜擢されていたジョージ・F・ケナンに提出します（*FRUS, 1947, VI*）。

ケナンは、戦前にラトビアのリガでロシア語の訓練をうけた外交官でした。45年にモスクワへ赴任し、46年2月には、本国政府の対ソ政策を憂慮しつつ、対ソ封じ込めを要請する「長文公電」をよせたことがきっかけとなり、マーシャル国務長官の下で外交版〝参謀本部〟として新設された政策企画室のトップに就任した人物です。そのケナン室長の懸念は、米ソの二極対立が、米国に可能な資源の動員を上まわるほど長期化することでした。したがって、米国は世界各地域の国々に対して共産主義への対抗力を強化するよう説くことが不可欠になります。そして何よりも、米国の政策はヨーロッパとアジアに「勢力均衡を回復すること」に向けられていなければならないのでした。ケナンは、そのために不可欠の要石として、近代的工業力を動員しうる五大工業地帯――米国、英国を中心とする西欧、ソ連および東欧、ドイツ、そして日本――を挙げました。

米国にとって、日本が勢力均衡を回復するための要石として位置づけられる背景には、蒋介石ひきいる国民党政権の脆弱さという事情もありました。ソ連も当初はイデオロギーではなく、ヤルタで対日参戦の代償として得ることになった東アジアでの権益（外モンゴルの地位確保、南サハリン、千島列島、東清鉄道、大連・旅順港）確保という地政学的関心を重視する立場から、ヤルタ体制のメンバーである蒋介石の中華民国と友好同盟条約を締結した（45年8月14日）ものの、国民党の脆弱さが顕在化したことによって、アジアでのパートナーを、新たに誕生した毛沢東の「中華人民共和国」に乗り換えていくことになります（下斗米前掲『アジア冷戦史』）。

また、ケナンにとって「封じ込め」とは、共産主義という「流行病」から自由諸国という「健康体」を隔離・保護する「消極的、衛生学的意味」を帯び、「軍事的手段」よりも「通商・経済的なもの」に本質がありました（永井陽之助『冷戦の起源』）。ケナンからすれば、公職追放や財閥解体といったGHQが進める対日政策は、日本社会を共産主義の政治的圧迫に抵抗できないほどに弱体化させているということになります。

47年10月に政策企画室がまとめた研究は、対日占領終了・講和の時機について、「講和条約締結時に日本が経済的に不安定であれば共産主義の浸透を防ぐことは困難」なので、占領の早期終了には「多大の危険が存在する」と述べていました。さらに、占領軍が撤退したとき、モスクワの操る共産主義者が日本の政治に浸透し、それを支配しようと強力に試みてくることは疑いなく、日本の命運は第一に国内政治構造の安定にかかってくると力説するのでした（Introduction by Anna K. Nelson, *The State Department Policy Planning Staff Papers* 1947-1949, I）。

ケナンは慎重に実名を挙げることはさけながら――しかし、元駐日大使で国務次官も務めたジョセフ・グルー、その側近ユージン・ドゥマン、元国務省極東局長ジョセフ・バランタインらと推測される――権威ある信頼筋の見解としながら、公職追放、財閥解体などの政策は日本における経済活力の必要性に逆行する、とGHQの政策に否定的な見解を紹介しています。そして、健全な経済条件が存在するかどうか、よりよい経済の将来に対する希望が維持できるかどうかが主要な問題であり、経済的貧窮や不安定が勢いを増せば、共産主義者の企みにさらに大きな動機と助けを与えることとなると述べるのでした。

2 経済実務家感覚と納税者論理

米国による対日占領政策の転換が、ケナン流の〝冷戦の論理〟のみではなく、「異なる動機と系統をもった複数の政策主体」によって推進されたことが歴史家の秦郁彦氏によって指摘されたのは、40年ちかく前です（大蔵省財政史室編『昭和財政史―終戦から講和まで―』第3巻）。

経済実務家感覚

「異なる動機」とは、世界最大級の投資銀行ディロン・リード社の副社長を務めたこともあるウイリアム・ドレーパーがもつ、「経済実務家の感覚」と、対日援助の究極的な負担者である米国民の「納税者論理」です。対日政策の転換をめぐり国務・陸軍両省、産業界、言論報道界、連邦議会筋が複雑にからむさまを描きだしたハワード・ショーンバーガーは、ドレーパーが陸軍次官として対日政策にかかわって示す行動原理の一つを、それに先だって務めたドイツにおける経済顧問の時代に見ています（宮崎　章訳『占領　1945～1952』）。投資銀行家としての見方が優先し、ドイツの経験豊富な経営陣は維持されなければならないという信念のことです。そのような信念からすれば、非カルテル化やナチス時代の経営者の追放ではなく、ドイツ産業陣を活用し、同国を米国主導の自由主義貿易体制に再統合していくべきだという主張になります。

47年8月に陸軍次官に任命されたドレーパーは、就任後まもなく訪日し、日本が経済的に自立するためには財閥解体、賠償、実業家たちの追放といった諸政策を、早急かつ根本的に見直すべきだと確信します。具体的には、極東委員会による財閥解体計画（FEC230）が見直されるまで日本経済の集中排除法案を可決させないこと、承認ずみの諸指令も経済復興という目的に力点を移して履行されるようにすること、でした。

納税者論理

「納税者論理」は、日本に対して食糧・肥料・医薬品などを提供するための支出を、米連邦議会が占領地域救済援助（ガリオア）によって際限なく承認しているという認識から生じていました。納税者である国民の不満が高まり、議会が支出を認めなくなってしまえば、日本経済は復興どころか崩壊してしまうというのが「納税者論理」なのです。じっさい、ドレーパーが陸軍次官を務めた時期の議会は、自立の見込みのない国に援助をするのは米国の資源を捨てるに等しい、と海外援助削減方針を明確にしていました。

ドレーパーが47年10月に彼のスタッフに起草させ、国務・陸軍・海軍三省調整委員会（SWNCC）での修正をへて、翌年1月の極東委員会で米国代表が公表したSWNCC384は、経済復興の要請と「納税者論理」をたくみに表現しています。すなわち、「日本の経済的混乱は、アメリカ国民の出費によってのみ防がれてきた」が、適度の生活水準をもつ自立的な日本を作りあげるためには、「日本政府や日本国民〔それに極東委員会と総司令部〕が、……日本を早急に復興させるべく占領の基本政策に合致するかたちで、必要と思われるあらゆる処置をとらなければならない」、と。同文書はまた、「日本の実業家や保守政治家の力を強化し、降伏後における初期対日方針を葬り去ることになる『逆コース』と経済復興がまさに連動している」ことを告げるものでもありました（ショーンバーガー著、宮崎訳前掲書）。

こうして〝論理〟において異なるケナンとドレーパーが、対日政策は民主化改革よりも経済復興を優先すべきだとの結論では合流することになりました。その結果、48年10月7日に国家安全保障会議で採択されたのが「米国の対日政策に関する勧告」（NSC13／2）です。

3 講和尚早・非懲罰的講和・経済復興

NSC13／2は、まず講和条約の手続・内容をめぐる関係国間の見解相違とソ連による侵略的共産主義勢力の膨張政策により惹起された深刻な国際情勢にてらして、米国政府は現時点で講和を推進すべきでない、と勧告します。そして、最終的に取り決められる講和条約は、できるだけ簡潔で「非懲罰的」なものにすべきである、との方針を示しました。そのうえでNSC13／2が経済復興の分野で勧告したのは、「米国は日本政府に対して、復興計画の成功が生産の拡大、厳しい労働と最小の労働停止、国内の窮乏措置、そして、速やかに均衡財政を達成する努力を含む、インフレ傾向との戦いをとおして高い輸出水準を維持する日本側の努力にかかっていることを明確にすべきこと」でした（大蔵省財政史室編前掲書、第17巻、資料Iおよび太田勝洪・袖井林二郎・山本 満編『冷戦史史料選』）。

（上から）マッカーサー元帥、ケナン室長、ドレーパー次官

この方針に従って具体化され、日本政府に突きつけられるのが、歳出削減による均衡予算の達成、徴税強化、融資の抑制などを内容とする、いわゆる「経済安定九原則」です。さらに、同原則の履行を監督する〝目付け役〟としてドレーパーが白羽の矢を立て、日本へ特使の資格で派遣されてくる人物こそ、デトロイトの銀行家で「堅固な意志をもつ禁欲的な勤勉家」などと称されるジョゼフ・ドッジでした（大蔵省財政史室編前掲書、第3巻）。

なお、NSC13／2では結論の示されなかった極東委員会の扱いについては、翌49年5月のNSC13／3において、同委員会における米国政府の役割を強化し、合意成立の見通しが立たない場合には暫定指令の発出を躊躇すべきでない、と勧告されました。さらに賠償については、事実上の中止、ないし賠償規模の大幅縮小を勧告するものでした。

もう一つ、最終決定が示されなかった問題＝沖縄の基地とその国際法上の地位については、「米国は、沖縄の施設を恒久的基地として維持する予定である」「国際的な処置は、適当な時期に、北緯29度以南の琉球諸島……における、米国の長期的戦略統治の実施に最も適した方法で行われるべきである」と勧告されました。

近年、『戦後沖縄と米軍基地』というすぐれた研究を著した平良好利氏は、48年3月に対日政策をめぐって行われたケナン・マッカーサー会談が持つ意味の重要性に改めて注意を促します。すなわち、ケナンは「沖縄基地の戦略的重要性をあらためて認識すると同時に、マッカーサーの進言に沿った形の沖縄政策を打ちたてた」というものです。日本および沖縄から帰国したケナンによって国務次官に提出され、NSC13の原型となる政策文書（PPS28）は、「米国は沖縄の諸施設を恒久的に保持するという意図を現時点で決めるべき」であり、「それに従い同地の基地を開発すべきである」と勧告していました。

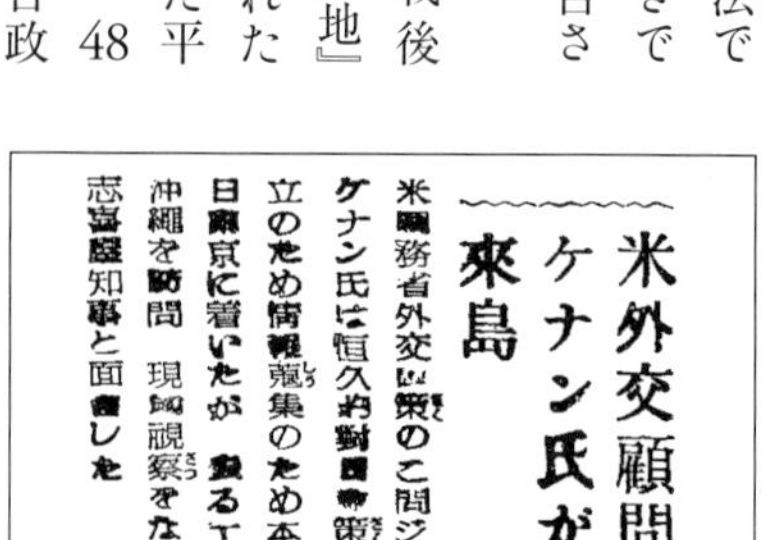

ケナン来島を報じる『ウルマ新報』記事

この方針決定にあたってマッカーサーの進言が決定的な影響力を持ったとするならば、いわゆる本土の憲法がその後「平和」憲法たりえたのは、沖縄の基地化、要塞化によって

担保されていたというだけでは不十分で、沖縄の恒久基地化、恒久要塞化によって担保されていた、と認識を改めざるを得ません。

4 ジャパン・ロビーの形成

対日政策転換の過程で形成された人脈についても触れておかなければなりません。極東委員会の対日経済政策は日本を共産主義に追いやるものだという批判を書き、戦前には東京大学で教鞭をとったこともある法制家のジェームズ・カウフマン。GHQ批判の論陣をはったジャーナリストでフィクサーのハリー・カーン。おなじく英国人ジャーナリストのコンプトン・パケナム。これらの人々が中心となり、対日占領政策を民主化改革から経済復興へと転換する過程で、「米国対日評議会」というジャパン・ロビーが形成されていく過程を克明に跡づけたのも故ショーンバーガー氏でした。ジャパン・ロビーは対日経済政策の転換ばかりでなく、のちには対日講和問題国務省顧問ジョン・F・ダレスや昭和天皇の側近の一人である松平康昌・式部官長、そして最終的には昭和天皇自身にまでパイプをつけていきます。「昭和天皇実録」も、50年6月22日以降、パケナムを仲介役として、講和問題に関する天皇の伝言が米国側に伝えられたことを「事実上認め」るにいたっています（前掲『占領 1945～1952』、および豊下前掲書、ならびに『朝日新聞』2014年10月22日）。

5 講和をめぐる軍部と国務省の対立

1949年1月にマーシャル国務長官の後を襲ったディーン・アチソンは、NSC13で確認された対日講和延期方針から一歩を踏みだして、早期講和のイニシアチヴをとります。9月にワシントンを訪れたベビン英外相には、対日講和推進の意向を伝えています。

この年、中国の国共内戦で共産党勢力の優勢が決定的となっていました。また、朝鮮半島では、48年8月に大韓民国（韓国）が、翌月には朝鮮民主主義人民共和国（北朝鮮）が相次いで建国を宣言し、45年8月の日本敗北時に北緯38度線でひとまず分界線をひかれていた朝鮮半島は体制の異なる国家が対峙することになりました。

東アジア情勢が緊迫の度をくわえるなかで米統合参謀本部は、沖縄だけでなく、日本本土の戦略的価値を深く認識するようになります。そして同本部は、日本本土をソ連のものとさせず、そこにある基地を自由に使えるようにしておくためには、しばらく対日占領を継続すべきであるという結論に行きつきます（*FRUS, 1949*, VII, 2）。

国務省は、統合参謀本部の説く対日講和尚早論を批判する論評をまとめます。同論評は、日本をソ連のものとさせず、西側陣営に対して協調的であるように確保するという点では統合参謀本部に同意しますが、統合参謀本部が講和尚早を主張した根柢にある、日本における軍事上の必要＝基地使用については、政治的な観点から、米国が日本において不可欠とする軍事的必要は、講和条約および関連する取り決めのなかで獲得するべきだ、と説いたのでした（*Ibid.*）。「政治的な観点」とは、この時点ですでに占領開始から4年が経過し、日本人のなかには講和を切望する声が高まっており、基地の運営に不可欠な日本人の協調を引きだすためにはまず講和を推進し、日本本土における基地使用が不可欠だというのであれば、その権利や使用条件は講和条約や同条約に関連する取り決めで規定すればよいではないか、ということです。

しかし、講和と基地をめぐる対立は、これだけではありませんでした。

6 講和と中立をめぐる国内論争

49年11月はじめには、米国の講和条約案が作成され、ちかく関係各国に示されるだろうという国務省筋の談話が外電をつうじて日本にも伝えられます。他方、同年10月に社会主義の中華人民共和国が建国すると、ソ連は、ヤルタ協定の枠組みの維持（＝「地政学的な国益」）とイデオロギーとの葛藤のすえ、中華人民共和国を新たな同盟の相手に選びました。このような状況で日本国内では、しばらく鳴りをひそめた観のあった講和論議が昂揚してきます。その講和論議は、中ソも含めた交戦国すべてとの講和を目指すべきだという議論（「全面講和論」）と、米国が主導する講和に中ソが参加しない場合は両国をのぞいて、米英をはじめとする「多数」の国々、あるいは米国との単独講和もやむを得ないという議論（「片面講和論」「単独講和論」とも）に分裂していました。全面講和か片面講和かという議論と密接に関連して、安全保障政策として中立を採るべきか否かという論争がありました。

横田喜三郎教授

国際法学者で東京大学教授の横田喜三郎は、「永世中立」を、①国家関係が緊密でなかった時代にのみ適合した「時代おくれ」の発想である、②直接に自国が攻撃されないからといって、知らん顔をしているのは、国家的な「利己主義」である、③日本は憲法で軍備不保持をうたっているが、集団保障への参加は「基地や物資を提供すること」によっても可能である、などと論評しました。

横田はこう論評したあと、日本の行くべき道は「集団保障の道」でなくてはならず、「国際連合に加入し、他の諸国とともに、集団的な協力によって、世界の平和を確保」し、同時に「日本の安全と独立を維持するよう努力す」べきだと結論づけます。そして、集団保障の道を行くことが「時代の精神、時代の原理」であると主張しました（国立国会図書館調査立法考査局「講和問題に関する国内論調　一」）。

横田への反論として挙げなければならないのは、京都大学教授・田岡良一の議論です。田岡は次のように考察します。①マルタ・スイスなどの歴史を見れば、これらを挟んで対峙する強国の対立関係から生まれた相互牽制が永世中立国建設の動機の一つであった。②多くの場合、永世中立化される国は戦略的な重要地点である。③永世中立は、多数の強国が一つの弱国に対して集団的に保障を与えるものであるから、「他国間の戦争をよそごとのように考えない精神」から生じた。田岡は続けます。日本が他国と永世中立条約を結んだ場合、他国が攻撃されたとき、その援助におもむき戦争に加わる義務はない。しかし、他国と集団保障条約を結べば「少なくとも……領土を軍事基地として貸し与える位のことはせねばならぬ」ようになり、このことだけでも日本は相手国の空軍の攻撃や他の方法によって「戦争の渦中にまきこまれねばならぬ」ことになる。つまり、集団保障条約に入っても、外敵の攻撃を受ける危険があることは永世中立の場合と異ならない。そのうえ、集団保障条約に入れば、自国だけでなく、他の締約国が攻撃を受けた場合にも戦争の渦中にまきこまれる危険がある。さらに、日本が相互的集団保障（相互的援助）の義務を含む条約に加入することは、憲法第9条と矛盾するものと考えられ、集団保障の加入を招請されることがあれば、そのような日本の特殊的地位を申し立てて除外例を要求し、日本に関する

田岡良一教授

限り「片務的なもの」、すなわち加盟国が攻撃を受けたとき、日本には援助の義務はないという了解を得たうえで加入しなければならないはずである。そういう片務的な集団保障も永世中立の制度と同じことになる。以上の考察を経て、田岡は安全保障策として永世中立を採るべきだと主張したのでした。

7 安全保障と主権放棄

中立に反対、あるいは懐疑的な立場は、特定国と協定を結び、少なくとも基地提供による協力はせざるを得ないだろうという考えでほぼ共通していました。吉田首相（外相兼務）の外交面における腹心で、占領軍との窓口であった終戦連絡事務局の長官を務めた岡崎勝男は、のち52年に、対日講和および日米安保両条約にもとづいて日本に配備される米軍の配備条件（基地提供条件）を規定する日米協定を交渉するさいの日本側責任者という重要な役を担うことになります。その岡崎が、50年4月、講和論争のなかで発表した論稿があります。講和と軍事基地をめぐる岡崎の考え方の一端を示しており興味ぶかいものです（国立国会図書館調査立法考査局「講和問題に関する国内論調 二」。もともと「三つの場合」として『中央公論』誌上に掲載）。

そのなかで岡崎は、占領終了後に言及します。その場合、一つは、「保障占領」というかたちで米軍駐留があり得ると言います。そのほかは、連合国側が保障占領を行わないか、または保障占領の一定期間が経過した後の「全く新たな問題」です。岡崎は、「この場合において初めて、日本国民はその自由なる意思に基づいて、基地提供の問題を考察し決定しうる」と述べます。この物言いは、明らかにポツダム宣言を意識していますが、同宣言において日本国民がその自由意思で選ぶのは「責任ある政府」であって基地提供ではありませんでした。この後に岡崎は、日本国民が決定し得る選択肢として、①国連軍が結成された場合の、同軍隊に対する基地提供または国内通過の便宜供与、②太平洋同盟が結成された場合の、加盟国に対する基地提供、③特定の数か国または一国と協定を結んでの基地提供、④他の場合、を想像し得るとつづけます。いずれにしても、「このような問題は国民の自由に表示した意思によって決定されるべきものであろう」と念が押されます。

じつは、筆者が注目したのはこの後に書かれていることです。岡崎は、「ただここで私見を述べるならば」と前置きして述べます。「最近の国際的の理念では、世界の平和維持のためにも或は自国の国防のためにも、必要な範囲では自己の主権の一部を進んで放棄し、各国相倚り相扶けて、その目的を達成するのが正しい現実的の方法と考えられているようである」と。さらに岡崎は、「主権の一部放棄ということを、すぐに属国化などと思う」基地提供反対論は、「いわゆるインフェリオリティ・コンプレックス〔劣等感〕」であろう、と批判します。

岡崎の言う「必要な範囲」の「主権の一部放棄」とはどの程度のものなのか。答えが出るのは、およそ二年後になります。

8 国内治安と基地問題

最後に――47年9月の天皇メッセージを除けば――もっぱら対外的安全保障の観点から検討されてきた観のある基地問題が、49年後半から国内治安問題とも関連して議論されたことを指摘しなければなりません。

外務省「マジョリティ・ピース」研究作業に関する幹部会審議記録は、片面講和となった場合における安全保障に関する基本方針は、最終段階で、多数派に「少数派（本土における駐兵を必要とし且つ駐兵を対外的安全ばかりでなく国内治安の面からも必要とする考えである）

の意見をとりいれてまとめたもの」だ、と記しています。つまり、外務省幹部間では、いまだ「多数派」とはなっていないものの、講和後の米軍駐留を「国内治安」の面からも必要であろうとする意見を無視できなくなってきたのです（外務省編『日本外交文書　サンフランシスコ平和条約準備対策』）。

49年といえば、7月に下山定則国鉄総裁が行方不明後に轢死体で発見される事件（下山事件）、国鉄三鷹駅構内で列車が暴走する事件（三鷹事件）が相次いで起き、社会が騒然とした時期です。下山総裁が姿を消した当日は、吉田首相がGHQのホイットニー民政局長に宛てて、「共産主義者は事あれかしとたくらみ、占領軍当局を巻き込んで反米感情を煽ることを企図している。政府は飽く迄自主的に事態を収拾し、矢おもてに立つ決意である」という、共産主義者との対決姿勢を表明する書簡を認めたところでした（袖井林二郎編訳『吉田茂＝マッカーサー往復書簡』）。

下山、三鷹両事件のあいだにあたる7月8日におこなわれた、昭和天皇・マッカーサー会見（第8回）で通訳を務めた松井明は、「陛下が国内の治安について深い憂慮の念を示された」と記しています（豊下前掲『昭和天皇・マッカーサー会見』）。

また、さきの吉田書簡は後半で、ソ連からの抑留者引き揚げ再開問題に言及し、ソ連で共産主義教育を受けた「コチコチの共産主義者」が引揚者の「二〇パーセント」を占め、その「過激分子」対策を練っているところだとしています。この問題は国会の考査特別委員会でもとりあげられますが、委員の一人、石田一松議員は、的確にも、委員会が証人を喚問する姿のなかに、「何かしら今吹きすさんでおる冷たい戦争」を自ら好んで国会に持ち込んでいるようだと指摘したのでした（富田　武『シベリア抑留者たちの戦後』）。「へ、のん気だね」とは言っていられない政治対立が生じていました。

Ⅵ 講和条約第三条と安保条約の成立

対日講和をめぐる米国政府の手詰まりは、50年春に国務省顧問に就任したダレスによる国務・国防両省間調整と、沖縄要塞化＋日本本土基地不要論に固執していたマッカーサーが、軍部の意向などを斟酌して、本土全域も防衛基地化すべきだと方針転換した（6月）ことで動きだします。そして、9月、妥協点が見いだされます。

1 講和・朝鮮戦争と日本の基地

両省のあいだに成った妥協の内容は、国家安全保障会議の承認を経たのち（50年9月7日付、国家安全保障会議文書60／1。以下、NSC60／1と略記）、最終的にはトルーマン大統領の裁可を得て、対日講和に関する米国政府の当面の基本方針となりました。

NSC60／1は、まず、米国が対日講和予備交渉に着手すべきである、との合意を示します。しかし、「（講和）条約は、米国の利益が盛り込まれる時まで、また、いかなる場合にも、朝鮮半島における米国の現在の軍事情勢が好ましい結果を見た後でなければ発効しない」ことも確認します（*FRUS, 1950,*VII）。日本が、朝鮮戦争で半島に作戦展開する米軍（「国連軍」の主力）に提供している様々な支援を、講和発効にともなって引きあげないようにするための〝縛り〟を意味していました。

このとき日本が米軍に使用を許していたおもな基地は、陸海軍基地としては、福岡、小倉、佐世保、門司、横須賀、神戸、横浜、相模補給廠がありました。また空軍基地としては、板付、築城、芦屋(福岡)、岩国、伊丹、横田、羽田などです。さらに、沖縄は、米英軍空母や他の艦船の合流地点となり、嘉手納基地は爆撃機の出撃基地として稼働しました(芦田 茂「朝鮮戦争と日本」)。

日本が米軍および国連軍に提供したのは、基地機能だけにとどまりません。50年10月、占領軍の命令で下関を出港した3つの「特別掃海隊」が元山沖などの海域で機雷除去にあたっていました。そして、元山港のある永興湾内の掃海をはじめてまもなく1艇が触雷沈没し、重軽傷者18名、行方不明者1名をだす惨事が発生しています(能勢省吾「朝鮮戦争に出動した日本特別掃海隊」)。「米軍の戦争」に日本が集団的にかかわった場合に起こりうる事態を示す事件でした。

2 講和の代償=日米安保

NSC60/1は、日本との講和交渉にあたり獲得すべき要求を列挙しています。本稿の問題関心からとくに重要と思われる項目は次の三点です。①(講和)条約は、北緯29度以南の琉球諸島……に対する米国の排他的戦略的支配を保証する。②条約は、日本国内の必要と思われる場所に、必要と思われる期間、必要と思われる規模の軍隊を保持する権利を米国に与える。③条約は、外部攻撃に対する日本の自衛権と、その権利を行使する手段の保持を禁止する規定を含んではならない(*FRUS, 1950, op. cit.*)。

これらは、講和の代償として、日本に求めるべきとされた、米国の「最小限の要求」です。それは、沖縄の要塞化(①)+日本本土の「全土基地化」(②)+両者に配備された米軍をサポートする日本の再軍備(③)を根幹に、日本の諸資源を効果的に米国のコントロールの下に置く仕組みを打ちたてること=日米安保体制の定式化にありました。

3 日本側の準備研究作業

ダレスの国務省顧問就任は、日本側にも転機をもたらしました。その機を見計らったかのように、吉田茂首相は、池田勇人蔵相を渡米させ、講和後も「日本及びアジア地域の安全を保障するために、アメリカの軍隊を日本に駐留させる」ことを日本側から「オファ」する方途を研究してもよいというメッセージを米側に伝えます。ただし、比較的近年の研究によれば、吉田の「もう一人の密使」白洲次郎が池田とは別に、米軍基地を置くことは憲法上むずかしい、と前述のメッセージとは反対の内容を国務省幹部に伝えていたこと、また、安保条約成立史への「天皇外交」の介在という大胆な〝仮説〟の導入により、昭和天皇にとって同条約の「根本の趣旨」を意味する本土基地提供のメッセージが、はたして吉田自身の真意であったのかという「根本的な疑問」が提起されています(三浦陽一『吉田茂とサンフランシスコ講和 下』および豊下楢彦『安保条約の成立』)。

そして同年秋、米国政府による対日講和推進の動きが日本にも伝えられるに及んで、講和へ向けた準備が本格化します。吉田首相・外相麾下の外務省は〝講和近し〟の感を強め、対米交渉に備えた準備作業に着手します。あわせて、吉田首相は、自身のブレーンとして、学者、元外交官、旧軍人などからなる有識者グループにも対処案の検討を命じます。その結果、ひとまずまとめられたのが、米国の対日講和構想を説明し、これに対する日本側の対案を検討したA作業、国連憲章第51条の適用にも言及した「安全保障条約案」のB作業、そのB作業を基礎に集団的自衛関係の設定に踏み込もうとする「安全保障のための日米協力に関する提案」であるD作業、それに「非武装・軍備制限条約案」の構想であるC作業という、4つの作業でした。外務省事務当局や吉田ブレーンは、ダレス特使の訪日による講和・安保会談の直前まで、それらの作業を練りあげていきました。

4 吉田外務省にとっての沖縄問題

しかし、沖縄を含む領土問題、対外的安全保障（本土における米軍駐兵）、再軍備といった、高度に政治性を有する問題について、日本側は前記の4作業を乗り越えるかたちで吉田「総理の口述された文言そのもの」である「わが方見解」という文書を米側に手交することになります（外務省条約局法規課『平和条約の締結に関する調書 Ⅳ』）。

「わが方見解」は、沖縄などの処遇については、対日講和七原則第三項で「米国の信託統治のもとに置かれることが提案されている」が、「米国の軍事上の必要についてはいかようにでも、応ずる用意がある。バーミュダ方式による租借も辞さない。日米両国の永遠の盟邦関係の確立という大局的見地から提案の再考を切に望みたい」と述べていました。日本側は、米国が提案する国連信託統治は、将来的に当該地域の自治・独立を想定しているので、沖縄が信託統治期間は米国の施政下に置かれ、信託統治終了後は自治領となったり独立したりすることで、日本から永久に切り離れてしまう懸念を日本国民に与えるとして、その再考を希望したのです。

問題は、米側に「再考」を促す際、どんなに希薄なものでもよいから沖縄に対する日本の主権を残すためならばと、日本側が「米国の軍事上の必要」については「いかようにでも応ずる」ことさえ厭わないとしていることです。それは「バーミュダ方式による租借も辞さない」覚悟と言い換えられています。「バーミュダ方式」とは、1941年3月に締結された「英米租借地協定」で規定されている方式で、ズバリ、「九十九年間」（外交文書では、ほぼ「半永久的に」という意味あい）の租借方式のことです。つまり、名目ばかりの主権を日本に残し、事実上沖縄は半永久的に基地化されることが提案されていたのです。

1月31日の吉田との会談直前、沖縄問題について、ダレスは次の方針を随員たちに示しています。すなわち、沖縄という遠隔の異国の地に在る百万の民を支配することを米国に課す行財政上の負担は懸念材料である。しかし、ワシントンを発つまえ、NSC60／1で定立された沖縄に対する「排他的戦略的支配」獲得に軍部が固執した経緯がありました。さらに、一連の会談直前には、沖縄要塞化論の唱道者マッカーサーが「米国は、沖縄問題討議の途は全く閉じられていることを日本側に通告すべきである」と勧告していました。降伏条件において〝領土問題は解決済み〟であり、「日本人は……琉球問題を蒸し返すことを許されるべきではない」こと、「琉球問題に関する日本側の議論に終止符を打つ」こと、「吉田首相には、琉球問題の議論をはじめることはないと告げる」こと、「琉球をどのように処遇し、管理したいかを決定するのは連合国」であり、米国が望めば、問題再開を希望する可能性もある、というのがダレスの姿勢でした（*FRUS, 1951*, VI, 1）。

したがって、沖縄問題に関してダレスのとった態度は、日本側にとって厳しいものと

ダレス特使と吉田茂首相

受け止められました。当時、日本側で交渉の中心的役割をはたした西村熊雄条約局長は次のように記述しています（前掲『平和条約の締結に関する調書 Ⅳ』）。

　……ただ一点「領土」について「解決済みである」「持ちだしてはならぬ」という態度、日米間に恒久の友好を樹立するためには領土という国民感情上の根本問題をわだかまりを残しておいてはならないとの確信から沖縄・小笠原の本国残留まで実現するためバーミュダ方式による租貸まで申しでられた総理の勇断に対し此の反応も示さないで「解決済」〔ママ〕てう冷い鉄のとびらを降ろした先方の態度は、事務当局にとって──総理は平常の顔色・平常の態度でいられたが──まことにショツキングであつた。

5　「潜在主権」による決着

　ところが、講和にともなう沖縄の処遇は、最終的には、信託統治に言及しつつも、「潜在主権」（residual sovereignty）という方式をとることになります。

　1951年9月5日、サンフランシスコ市内のオペラハウスで始められた対日講和会議の2日目、議事規則の承認などの後に登壇したダレスは、対日講和条約案提出国代表の一人（講和条約案は米英両国が共同で提案）として、講和条約案の趣旨説明を行いました。説明演説のなかには、「領域」に関する章の一条として、琉球諸島および南方諸島ならびに南西諸島の処遇に関する第三条について説明する一節が含まれていました。ダレスが「潜在主権」という用語、方式、その方式による領土処理を公にしたのはこれが最初といわれています。琉球諸島をはじめとする島嶼領域に対して執られるべき「最善の方式」の前提とされている「潜在主権」とは、講和条約第三条で次のように規定されています。

　日本国は、北緯29度以南の南西諸島（琉球諸島及び大東諸島を含む。）……を合衆国を唯一の施政権者とする信託統治制度の下におくこととする国際連合に対する合衆国のいかなる提案にも同意する。このような提案が行われ且つ可決されるまで、合衆国は、領水を含むこれらの諸島の領域及び住民に対して、行政、立法及び司法上の権力の全部及び一部を行使する権利を有するものとする。

　一読して気づくことは、「潜在主権」あるいはそれに類する文言が見あたらないことです。

　同じ領域条項でも、第二条は、日本が、朝鮮・台湾・千島列島などに対する権利等を「放棄」することや、旧委任統治領に対する米国の戦略的「信託統治」の「受諾」を規定しているのに対し、第三条は、対象とする地域（以下、第三条地域と略記）を日本が放棄する内容や、米国の信託統治の受諾といった内容を規定していないことが、第三条地域に対する日本の「潜在主権」の保持を規定しているものと解されています。加えて、さきのダレス演説のなかで、第三条地域に対する日本の「潜在主権」保有が言明されていることが、もう一つの論拠と解釈されています。

　こうして認められた日本の潜在主権を前提に、第一文章は、第三条地域を「合衆国を唯一の施政権者とする信託統治制度の下におくこととする国際連合に対する合衆国のいかなる提案」にも、潜在的な主権者である「日本国」は「同意する」ことを定めます。しかも第二文章では、「このような提案が行われ且つ可決されるまで」の間も「合衆国は……これらの諸島の領域及び住民に対して、行政、立法及び司法上の権力の全部及び一部を行使する権利を有する」と規定されています。要するに、講和条約第三条は、信託統治に関する国連の可決があろうとなかろうと、米国が沖縄に対して排他的に施政権を行使することを可能にするのです。したがって、米国にとって琉球諸島等に対する日本の「潜在主権」を基に第三条を構築することこそ、沖縄に対する排他的支配の正否を握る極めて重要な方式ということになります。

そして、アイゼンハワー政権——その国務長官は講和条約第三条の産みの親ともいわれるダレスです——は、発足間もない53年から54年にかけて、同条約第三条にいう国連信託統治提案は行わない方針を固めます。そして、沖縄に対する名目ばかりの「主権」を日本に認めるいっぽう、「極東における脅威と緊張が存続するかぎり」（53年12月における奄美返還にさいしてのダレス声明）、あるいは、その別の表現である「無期限に」（54年1月のアイゼンハワー大統領一般教書演説）、沖縄（の軍事基地）を保持し続けるという立場を堅持することになります。

以上のような、米国による沖縄の排他的戦略的支配を可能にする潜在主権の形成については、どんなに希薄なものでもよいから沖縄の主権を日本に残してほしいと懇請した吉田首相や外務省、さらに昭和天皇および側近たちの役割を重視する学説と、沖縄を長期安定的に保持するという目的のためには潜在主権という方式が最善であると考えた米国政府——とりわけダレス——の判断を重視する学説がせめぎ合い、いまだ定説はない状況と言えます（拙著『沖縄基地問題の歴史』）。

6　米軍駐留を「希望」した日本

前出『平和条約の締結に関する調書　Ⅳ』によれば、「わが方見解」は、対外的安全保障（米軍の日本本土駐兵）について、「対外的安全保障に関しては、適当な方法によつて、国際連合、とくに合衆国の協力を希望する」と述べていました。じつは米国国務省編の外交資料集『米国の外交関係　1951年　第6巻の1』（*FRUS, 1951,* VI, 1）によれば、当該箇所は「日本は……対外的安全保障に関しては、軍隊の駐留といった適当な方法によって、国際連合、とくに米国の協力を希望する」となっています（日本語訳は筆者による仮訳）。米軍駐留による安全保障を強く「希望する」（is desired）意向が日本側より示されたことを確認しておく必要があります。

この「わが方見解」が51年1月30日に、そして、日本側の安保協定案である「相互の安全保障のための日米協力に関する構想」が2月1日に米国に提示されました。前者は、日本の安全を確保するための米軍駐留を「希望する」というものでしたが、後者は、米軍駐兵には基地提供国である日本による「同意」が必要だという、駐兵の位置づけ、性格づけについて大きく異なる発想にたっていました。

なぜ、そのようなことになったのでしょう。「わが方見解」が外務省事務方による準備研究作業を、高度に政治的判断によって乗り越えたことに一因があるように思われます。

答えがいずれにせよ、ダレスは、「わが方見解」が米軍駐留による対外的安全保障の確保を「希望する」のを見て、内心、欣喜雀躍したことでしょう。なぜならダレスは、米国が「日本国内の望む場所に、望む期間、望む数の軍隊を駐留させる権利を獲得できるか、否か？」が「主要な問題」であり、「じっさい、米国にそのような特権を許与する政府は、日本の主権を棄損することを許したとして、非難の的になるだろう」と危惧していたからです。今や、その権利が日本側から自発的にオファされたのです（*Ibid.*）。

そしてダレスは、2月2日に日本工業倶楽部でおこなった演説のなかで、米軍駐留は日本が希望し、米国が「同情をもって考慮する」結果であるという、その後の日米安保関係を規定する最も重要な論理のひとつを内外に宣明します。国際共産主義の脅威が存在するのは何も日本に対してだけではない。その脅威に最大の抑制力を持つ米国は、他の国々（たとえばナトー諸国）にも抑制力を配備しなければならない。他方で、日本は自国の防衛はもちろん、「集団的防護」体制に加わる要件を今は備えていない。しかし、日本が「希望される」なら、そうした体制に参加することもできます。そして、日本の安全を確保するための駐兵を米国は「同情をもって」考慮しますよ。ダレスは演説でこう言ったのです。

7 安保条約の論理

もっぱら日本が米軍駐留を望んだというロジックは、ダレス演説のような哲学的表明にとどまりませんでした。

日本側の「相互の安全保障のための日米協力に関する構想」を、米側は「ヘルプフル」（有用）だといって受け取りました。しかし、翌2月2日に米側が対案として示してきた安保協定案は、たしかに日本側「構想」の内容も採りいれた箇所もありましたが、肝心な点ではそれを否定する内容でした。

まず、米軍駐留じたいは、「合衆国軍隊が日本国の領域内に駐留することを日本国は要請し、合衆国は同意する」ものであるとの、位置づけ、性格づけがなされています。そのうえで、その米軍が日本国内で享受するとされた特権や免除は詳細かつ具体的に列挙され、日本側を「一読不快」にさせたほどでした（前掲『平和条約の締結に関する調書 Ⅳ』）。その、米軍の「不快」な特権と免除の塊が、日本に配備された米軍の配備条件を規定する日米行政協定（1952年2月28日署名、同4月28日発効。のち60年に特権や免除を継承しつつ改定され、今日の日米地位協定にいたる）の実質を構成することになります。さらに、米側の安保協定案には日本が既存の警察組織や警察予備隊とは別に再軍備をはかり、有事にはそれらが米国人司令官の指揮下に置かれる（統合司令部）という規定を含んでいました。このような内容の協定案が日本側に衝きつけられた意味をどのように考えればよいでしょう。

日本は対外的安全を自分では確保できないと言った。そのうえで、対外的安全を米軍駐兵によって確保することを「希望」した。米国はその希望に日本への駐兵という「同情」で応えるのだから、日本は米軍の権益ぐらいは保証すべきだ。そして、当面は自国の防衛の――さらには集団防衛体制に参加するための――力がないというのであれば、その力を早急につけるべきだ。こうした米側の厳しい意思を「協定案」は具体化したものだったのではないでしょうか。

1951年1月末から2月はじめにかけて行われた日米会談からダレスが構築した〝論理〟は、最終的には51年9月8日に署名される「日本国とアメリカ合衆国との間の安全保障条約」（旧日米安保条約）のなかに刻印・制度化されることになります。安保条約には、条約の締結じたいが日本の「希望」によるものであり、条約の根幹をなす日本への米軍配備も日本の「希望」によるものだと書いてあります。

なお、日米安保定式化の三番目の要素である再軍備については、51年2月3日、日本側から「再軍備計画のための当初措置」という文書が米側に渡されました。その骨子は、①日本は警察や警察予備隊とは別に陸海総計5万人規模の再軍備を行う、②国家安全保障省に「安全保障計画本部」を設けるというものです。しかし興味深いことに、そのご米側がその措置の履行をせまった形跡はなく、実際の日本再軍備は、既存の警察予備隊を基礎に、52年に同隊を保安隊に、さらに54年に保安隊を自衛隊に改組するかたちで行われました。

対日講和条約の調印式と式後の吉田茂首相

Ⅶ 行政協定の締結——地位協定問題の芽腫

芽腫＝「神経芽（細胞）腫」は、神経や網膜などの器官・組織になるはずだった細胞が癌化してできる腫瘍のことです。日米の政軍の指導者は、米軍の日本駐留を規定した取り決めが協力関係の礎になると考えましたが、戦後70年の今日、日本——とりわけ沖縄——における米国の軍事的存在が、主権や日米関係を蝕むものともなっています。その象徴が多岐にわたる日米地位協定問題といえるでしょう。ここでは、行政協定交渉でも重要争点の一つであった基地設定問題を取りあげ、芽腫発生の起源に切り込むことにしましょう。

1 継続使用問題

1951年9月に締結された対日講和条約第6条は、占領中の徴発に基づく日本国内の基地使用は「いかなる場合にもその後90日以内に」終了する旨を規定していました。他方、日本が米国に提供する個々の基地は、日米「合同委員会」が決定することになっていました。委員会での基地設定が講和発効から90日を過ぎてもまとまらない場合、米軍は——少なくとも一時的に——撤退しなければならないか、さもなくば基地の〝不法〟占有者というレッテルを貼られることになります。そうなれば、朝鮮戦争の遂行に大きな影響がでますし、米国の敵対勢力に格好の批判材料を与えることにもなります。

いっぽう日本側は、占領期間中に占領軍が行った接収はいったん解除されるという原則が行政協定で示されることにこだわりました。ただし、必要とあれば90日というタイムリミット後も同軍が使用中の基地にとどまること自体には異論ありませんでした。そのような内容を行政協定とは別個の取り決めに移そうというのが日本政府の基本的な立場だったのです。要するに、日本政府にとっての問題は、実質より体裁でした。

そうした立場の背景には、国内政治問題がありました。米軍が講和後も占領の延長のようなかたちで日本に留まったり、駆け込み的に新規の徴発を行うことは——交渉の日本側代表であった岡崎勝男国務相が米側に述べた表現によれば——「共産主義者や他の諸集団」による「プロパガンダ」の格好の材料になるのでした。そして惹起される反基地運動、反吉田内閣運動、反米運動と日米関係の悪化を日本政府は懸念したのです（拙著『日米行政協定の政治史』）。

ラスク特使（左から2人目）と岡崎国務相（同3人目）

結局、この問題は、極東における平和・安全の維持、および日本防衛に寄与するために米軍が必要とする基地の決定および準備にあたって、「避けがたい遅延が生ずることがあるかもしれません」が、日本側は講和発効後「90日以内に〔決定が〕成立しないもの」でも、その継続使用を許しますという内容の交換公文（「岡崎・ラスク交換公文」）を取り交わすことで妥結します。

２「全土基地方式」問題

基地設定をめぐるもう一つの問題点は、日本全土を潜在的な基地とする方式＝「全土基地方式」です。「日本国内の必要と思われる場所」への米軍配備を条文化するにあたり、陸軍省の担当官は、マッカーサーが50年6月に作成したメモを援用して、次の規定を日米安保協定草案に書きこみました（同10月）。

　日本区域の全土が、軍隊の防衛作戦のための潜在区域〔実質的な基地〕として見なされる、という原則が受けいれられるものとする。

そのうえで、有事には米軍司令官が、日本政府への「通告」後、同司令官が必要とする、または、軍事情勢が必要とする、軍隊の戦略的・戦術的配備を行う権限を有すること、などを規定するものでした（*FRUS, 1950, op.cit.*）。

同案に対し国務省側は、①米比軍事基地協定（１９４７年3月署名）など、米国が結んだ軍事行政協定の先例は協定（および附属書）で基地を限定している、②日本の意向を考慮しない一方的な「通告」でなく、「協議」手続が規定されるべきではないか、などの修正意見を示しました。米比協定は、フィリピンが米国に使用を認める基地を附属書で予め確定する方式をとっています。これに対して全土基地方式は、日本国内で米軍が使用する個々の基地を予め確定しない、いわば〝白紙委任〟を求める方式と言えます。

１９５１年1月から2月にかけて東京で行われた講和・安保会談（以下、東京会談）で、米国側が日本側に提示した安保協定案「相互の安全保障のための日米協力に関する協定」は、講和後の日本における米軍のプレゼンスについて次のように規定するものでした。

　上述の共同責務〔日本の平和・安全の維持に、米国は必要な措置をとり、日本は米国の措置に可能な協力を行う責務〕の遂行を援助するため米国軍隊が日本領域内に駐留することを日本国は要請し、米国は同意する。

米側は何も日本全土を基地にするとまでは書いていないではないか、と思われるかもしれません。しかし続く項目で、「最高司令官」は日本のしかるべき代表者と「協議」するとの但書こそ付いてはいたものの、「敵対行為または敵対行為の急迫した危険が生じたとき〔有事〕には……その必要と思われる日本区域内の地上区域、便益および施設の使用ならびにその必要と認める軍事力の戦略的および戦術的配備を行う権限を有する」と規定されていました。ここでの「必要と思われる……地上区域」は、協定案では「防衛区域」「基地」とほぼ同義です。

そして協定案は、日本における米軍の戦略的・戦術的配備を行うための基地設定にあたって、住民の福祉・健康・経済上の必要に充分な考慮が払われると言いながら、それはあくまで「軍事上の必要性と合致する」範囲内とされました。さらに、米軍は平時でも、日米両政府の合意を経たのちならば、演習場、集結地、射爆撃場、中継飛行場などの名目で、陸上および沿岸区域を使用する権利を有することも、協定案には規定されていました。

これらの、まさに主権に関わる基地設定要求に対して、日本側は次のような見解を米側に示します。

①米側協定案は、日本国内における米軍駐留を、戦勝国側が敗戦国側に課す講和条約でも明示する含みのようだが、そうだとすると、軍隊の駐留に関する合意は１００パーセント対等な基礎にたつ両国が結んだものにならない。このことは日本人の自尊心を傷つける。軍隊駐留に関する言及から講和条約という語を削除することを希望する。

②米軍駐留を「日本国は要請し、米国は

同意する」を「両国は合意する」と改めたい。

③「防衛区域」という用語は広大に聞こえ、日本人にはかつての広大無辺な要塞地帯を想起させる。「安全保障区域」または単に「区域」が好ましい。

②については、「日本が米国軍に駐屯してもらいたいということが真理であるとおなじく、米国が日本に駐兵したいことも真理」であり、「5分5分のところであるから『両国は合意した』とするのが本当」だという判断がありました。③は、日本を無限定な「防衛区域」に設定すること自体に異議を唱えているのではなく、そのような用語の使用はいかんと言っているに過ぎません。ですから日本側は、米軍の使用に供する施設・区域は、「安全保障上の目的に必要なものを、両国間の合意により決定し、厳定すべきこと」も求めましたが、それは先ず日本を「防衛区域」に供したあとの問題にすぎなくなります（『平和条約の締結に関する調査 Ⅳ』）。

外務省条約局が49年11月にまとめた「基地貸与協定の分類」という資料を見ると、同省が、米国と他国との先行協定をかなり研究していたことがわかります。米比協定の分析では「常時使用の基地（陸海空軍基地及び兵たん等15ヵ所）」「軍事的必要発生の場合の基地（陸海空軍基地等6ヵ所）」などと、基地を予め限定する方式が採られていることもわかっていました（『平和条約の締結に関する調書 Ⅲ』）。しかし管見のかぎり、日本全土を潜在基地化する方式は〝主権侵害ではないのか〟あるいは〝類例のない方式ではないか〟と、方式や原則レベルにさかのぼって日本側が米側に意見したことはなかったようです。

最終的に、日米行政協定において基地提供の原則は、第2条1において、次のように規定されることになりました。

日本国は、合衆国に対し、安全保障条約第1条に掲げる目的〔極東における平和・安全の維持、外部攻撃に対する日本の防衛に寄与するという目的〕の遂行に必要な施設及び区域の使用を許すことに同意する。

そのうえで、「個個の施設及び区域に関する協定」を、予備作業班（協定発効後は「合同委員会」）を通じて締結することになりました。つまり、米軍が日本国内で基地を使用することを原則的に認め、個々の基地はあとで決める方式です。「個個の施設及び区域に関する協定」がまとめられたのは、講和発効から90日を目前にした52年7月26日のことです。その時点でさえ、50余りの基地については合意が成立していなかったので、前出の「ラスク・岡崎交換公文」の適用対象となりました。

その後、１９６０年の安保改定で改められた行政協定（これにより同協定は、いわゆる日米地位協定となる）でも、米軍が日本で使用する個々の基地を予め確定しない方式（第2条1(a)）に変更はありませんでした。

3 個々の基地設定は困難

いったん全土基地方式を認めてしまうと、米軍の使用する基地に一件ごとの諾否をしめすなどということは非常に難しくなります。そのことは外務省も認識していきます。試みに、外務省条約局ならびに同アメリカ局が作成した「日米地位協定の考え方」（１９７３年4月）および同・増補版（１９８３年12月）を見てみましょう。

「日米地位協定の考え方」は、地位協定第2条1(a)が二つのことを意味していると言います。第一は、「米側は、我が国の施政下にある領域内であればどこにでも施設・区域の提供を求める権利が認められていること」です。これは、米側の当初の「日本国内の望む場所に」軍隊を配備する権利を獲得するという目的に沿う考え方と言えるでしょう。

第二は、「施設・区域の提供は、一件ごと

に我が国の同意によることとされており、したがって、我が国は施設・区域の提供に関する米側の個々の要求のすべてに応ずる義務を有してはいない」との考えです。この二点については、協定の解釈上においては、合理的な理由があれば米側の要求に応ずる義務はないとの考え方が示されています。しかし外務省は、次のように、現実の政治状況、あるいは現実の日米関係においては、個々の施設・区域に対する米側の要求をいちいち判断して諾否を示すのは不可能であり、結局は米側の要求に対しては、安全保障について両国の基本的意見が一致しているという前提に立って、原則的〝白紙委任〟方式によって応じざるを得ないとの考えを示しているのです。

> 特定の施設・区域の要否は、本来は、安保条約の目的、その時の国際情勢及び当該施設・区域の機能を綜合して判断されるべきものであろうが、かかる判断を個々の施設・区域について行うことは実際問題として困難である。

右の判断の背景には、常に日米間に意見の不一致があり得るとすれば、単に基地の円滑な提供が不可能であるばかりでなく、「我が国が自国の安全保障を米国に依存することの妥当性自体が否定されることとなろう」との考え方がありました。

4　「全土基地方式」問題の現在

講和＝主権回復の〝代償〟が日米安保であり、その根幹は基地提供だとすれば、それが著しい主権の従属性を担保する全土基地方式によってはかられたことは、矛盾した話です。しかし、生来ヘソ曲がりの筆者は、「が、しかし」と思うのです。というのも、全土基地方式は、米側の判断によっては日本のどこでも潜在的な基地となり得るという、可能性としての全土基地化だからです。そして、かつて島のなかに基地があるのではなく、基地のなかに島があると例えられた、いわば実態、あるいは現実としての全土基地化が推し進められた沖縄はどうなるのだと。

すこし大雑把ですが、在日米軍基地面積は、講和時（＝法的な占領終了時）の指数を100とすれば、2010年のそれは4分の1に縮小しています——もっとも、近年では自衛隊基地を米軍が〝一時〟使用するタイプの基地使用（その根拠となる地位協定第2条4(b)にちなんで、「2《にい》－4《よん》－b《び》使用」などと呼ばれます）が拡大しているという問題点が生じています。しかし沖縄の場合、1972年5月の施政権返還時（＝おなじく、法的な占領終了時）に——ごく一部を除いて——地位協定第2条1(a)に基づいて「無期限に」提供された基地の面積を100とすると2010年のそれはいぜん80％強と高率です。

このような構造的問題にくわえて、1996年以降は、米海兵隊普天間飛行場の県外移設を求める沖縄と、それを拒絶する本土というミゾが生じ、広がってきました。こうした状況を踏まえると、沖縄の人たちからすれば、「全土基地方式」や同方式に対する本土の批判はどのように捉えられるのだろうと考えざるをえません。政府が改定に消極的な地位協定は「基地の場所を予め決めていないのだから、沖縄に基地を固定する根拠はないではないか」。県民の多くが、そう捉えているのではないでしょうか。

2015年6月2日付の『琉球新報』紙は、そのことを裏付けるような世論調査（5月30・31日実施）の結果を掲載しています。すなわち、普天間飛行場返還・移設問題にたいする沖縄県民の意思において、「沖縄県以外の国内に移設すべきだ」という回答は、「国外に移設すべきだ」（31・4％）、「無条件に閉鎖・撤去すべきだ」（29・8％）に次ぐものの、21・8％と三番目に大きな〝声〟を形成しているのです。

【監修】明田川 融（あけたがわ とおる）
1963年、新潟県に生まれる。おもな著訳書に、『日米行政協定の政治史』、ジョン・ハーシー著『ヒロシマ 増補版』(共訳、いずれも、法政大学出版局)、『沖縄基地問題の歴史』、ジョン・ダワー著『昭和』(監訳、いずれも、みすず書房)、などがある。

本年表および解説の記述内容にかかわるすべての責任は監修者にあります。なお、解説書PartⅡ-2は、日本国憲法の成立過程に詳しい本庄未佳さん(成城大学大学院博士課程)に執筆をお願いしました。また、年表作成にあたり、古関彰一・獨協大学名誉教授が最新かつ有益な知見をお寄せくださったことを付記しておきます。

◉写真提供——共同通信社・朝日新聞社・毎日新聞社・読売新聞社・沖縄県公文書館・琉球新報社・現代史料出版

「戦後再発見」双書 資料編
占領期年表 1945-1952年
沖縄・憲法・日米安保

2015年7月20日第1版第1刷 発行

監修者 明田川 融
発行者 矢部敬一
発行所 株式会社 創元社
http://www.sogensha.co.jp/
本社 〒541-0047 大阪市中央区淡路町4-3-6
Tel.06-6231-9010 Fax.06-6233-3111
東京支店 〒162-0825 東京都新宿区神楽坂4-3 煉瓦塔ビル
Tel.03-3269-1051
印刷所 泰和印刷株式会社

ISBN978-4-422-30065-8 C0331